LES TROIS STÈLES DE SETH

BIBLIOTHÈQUE COPTE DE NAG HAMMADI

Collection éditée par

Jacques É. MÉNARD — Paul-Hubert POIRIER
Michel ROBERGE

En collaboration avec

BERNARD BARC — PAUL CLAUDE
JEAN-PIERRE MAHÉ –- LOUIS PAINCHAUD
ANNE PASQUIER

Section « Textes »

1. – *La Lettre de Pierre à Philippe*, Jacques É. MÉNARD, 1977.

2. – *L'Authentikos Logos*, Jacques É. MÉNARD, 1977.

3. – *Hermès en Haute-Égypte* (t. I), Les textes hermétiques de Nag Hammadi et leurs parallèles grecs et latins, Jean-Pierre MAHÉ, 1978.

4. – *La Prôtennoia Trimorphe*, Yvonne JANSSENS, 1978.

5. – *L'Hypostase des Archontes*, Traité gnostique sur l'origine de l'Homme, du Monde et les Archontes, Bernard BARC, suivi de *Noréa*, Michel ROBERGE, 1980.

6. – *Le Deuxième Traité du Grand Seth*, Louis PAINCHAUD, 1982.

7. – *Hermès en Haute-Égypte* (t. II), Le fragment du *Discours parfait* et les *Définitions* hermétiques arméniennes, Jean-Pierre MAHÉ, 1982.

8. – *Les Trois Stèles de Seth*, *Hymne gnostique à la Triade*, Paul CLAUDE, 1983.

Section « Études »

1. – *Colloque international sur les textes de Nag Hammadi* (Québec, 22-25 août 1978), Bernard BARC, éditeur, 1981.

BIBLIOTHÈQUE COPTE DE NAG HAMMADI

SECTION: «TEXTES»

— 8 —

LES TROIS STÈLES DE SETH

HYMNE GNOSTIQUE À LA TRIADE

(NH VII,5)

PAR

Paul CLAUDE

LES PRESSES
DE L'UNIVERSITÉ LAVAL
QUÉBEC, CANADA
1983

À mon fils David

Cet ouvrage a été publié grâce à une subvention du Conseil de recherches en sciences humaines du Canada. Une subvention pour la publication de cet ouvrage a également été accordée par le Fonds Gérard Dion (Québec).

ABRÉVIATIONS

BCNH	=	Bibliothèque Copte de Nag Hammadi
CH	=	Corpus Hermeticum
EA	=	Études Augustiniennes
EB	=	Études Bibliques
Enn	=	Ennéades
JA	=	Journal Asiatique
NHS	=	Nag Hammadi Studies
NT	=	Novum Testamentum
NTS	=	New Testament Studies
REtA	=	Revue des Études Augustiniennes
RSPT	=	Revue des Sciences Philosophiques et Théologiques
RevScR	=	Revue des Sciences Religieuses
RThPh	=	Revue de Théologie et de Philosophie
SC	=	Sources Chrétiennes
SMR	=	Studia Montis Regii

Pour les traités de Nag Hammadi, nous utilisons les abréviations de la collection «Bibliothèque copte de Nag Hammadi».

BIBLIOGRAPHIE

ARMSTRONG (A. H.), «The Background of the Doctrine 'That the Intelligibles are not outside the Intellect'», in *Les Sources de Plotin* (*Entretiens sur l'Antiquité classique*, V), Vandœuvres/Genève, 1960, p. 391-425.

—, *Plotinus* (*The Loeb Classical Library*), t. 1-3, Londres, 1966s.

BÖHLIG (A.), WISSE (F.), *The Gospel of the Egyptians* (*NHS*, 4), Leyde, 1975.

—, «Zum 'Pluralismus' in den Schriften von Nag Hammadi. Die Behandlung des Adamas in den Drei Stelen des Seth und im Ägypterevangelium», in *Essays on the Nag Hammadi Texts in Honour of Pahor Labib*, éd. M. Krause (*NHS*, 6), Leyde, 1975, p. 19-34.

BRÉHIER (E.), Plotin. *Ennéades* (*Collection des Universités de France*), 3ᵉ éd., t. 1-6, 1960-1963 (dans la plupart des cas, nous citons la traduction française de Bréhier).

COLLINS (J. J.), «Apocalypse: the Morphology of a genre», *Semeia* 14 (1979) 1-20.

CRUM (W. E.), *A Coptic Dictionary*, Oxford, 1939.

CUMONT (F.), *Lux Perpetua*, Paris, 1949.

—, *L'Égypte des Égyptiens*, Bruxelles, 1937.

DAMASCIUS, *Dubitationes et solutiones de primis principiis*, I, éd. Ruelle, Paris, 1889.

DES PLACES (E.), *Oracles Chaldaïques* (*Collection des Universités de France*), Paris, 1971.

—, Numenius, *Fragments* (*Collection des Universités de France*), 1973.

DODDS (E. R.), «Numenius and Ammonius», in *Les sources de Plotin* (*Entretiens sur l'Antiquité classique*, V), Vandœuvres/Genève, 1960, p. 3-61.

—, Proclus. *The Elements of Theology*, A revised Text with Translation, Introduction and Commentary, 2ᵉ éd., Oxford, 1963.

DORESSE (J.), «'Le livre sacré du Grand Esprit invisible' ou 'L'Évangile des Égyptiens'. Texte copte édité, traduit et commenté», *JA* 254 (1966) 317-435; 256 (1968) 289-386.

DUBOIS (J.-D.), «Le contexte judaïque du 'Nom' dans l'Évangile de Vérité», *RThPh* Sér. 3, 24 (1974) 198-216.

FALLON (F.), «The Gnostic Apocalypses», *Semeia* 14 (1979) 123-158.

FESTUGIÈRE (A. J.), *L'idéal religieux des Grecs et l'Évangile*, Paris, 1932.

—, *La Révélation d'Hermès Trismégiste* (*EB*), t. 1-4, Paris, 1942-1953.

HADOT (P.), «Être, Vie, Pensée chez Plotin et avant Plotin», in *Les sources de Plotin* (*Entretiens sur l'Antiquité classique*, V) Vandœuvres/Genève, 1960, p. 107-157.

—, *Porphyre et Victorinus* (*EA*), t. 1-2, Paris, 1968.

HENRY (P.), HADOT (P.), Marius Victorinus, *Traités théologiques sur la Trinité* (*SC*, 68-69), Paris, 1960.

—, SCHWYZER (H. R.), *Plotini Opera* (*Museum Lessianum Series Philosophica*), Paris/Bruxelles, 1951-1973, 3 vol.

JACKSON (H.), «Geradamas, the celestial stranger», *NTS* 27 (1980-1981) 385-394.

JANSSENS (Y.), *La Prôtennoia Trimorphe* (NH XIII,1) (*BCNH*, Section: 'Textes', 4), Québec, 1978.

KASSER (R.), «Fragments du livre biblique de la Genèse cachés dans la reliure d'un Codex gnostique», *Le Muséon* 85 (1972) 65-89.

KLIJN (A. F. J.), *Seth in Jewish, Christian and Gnostic Literature* (Supplements to *Novum Testamentum*, 46), Leyde, 1977.

KRAUSE (M.), GIRGIS (V.), «Die drei Stelen des Seth», in *Christentum am Roten Meer*, Berlin/New York, t. II, 1973, p. 180-199.

LEISEGANG (H.), *La Gnose*, Paris, 1951.

LEWY (H.), *Chaldaean Oracles and Theurgy*. Mysticism, Magic and Platonism in the Later Roman Empire (*Recherches d'Archéologie, de Philologie et d'Histoire*, 13), Le Caire, 1956 (2ᵉ éd., par M. Tardieu, Paris, 1979).

LIDDELL (H. G.), SCOTT (R.), *A Greek-English Lexicon*, Oxford, 1968.

MACKENNA (S.), PAGE (B. S.), Plotinus. *The Six Enneads* (*Great books of the Western World*), éd. Hutchins, Chicago, 1952.

MACRAE (G.), «The Jewish background of the Gnostic Sophia Myth», *NT* 12 (1970) 86-101.

—, «Apocalypse of Adam (V,5)». Introduction et traduction, in *The Nag Hammadi Library in English*, éd. J. M. ROBINSON, San Francisco, 1977.

MAHÉ (J. P.), *Hermès en Haute-Égypte*. Les textes hermétiques de Nag-Hammadi et leurs parallèles grecs et latins, I (*BCNH*, Section: 'Textes', 3), Québec, 1978.

MÉNARD (J. É.), *L'Évangile de Vérité* (NHS, 2), Leyde, 1972.

—, «Le mythe de Dionysos Zagreus», *RevScR* 42 (1968) 339-345.

—, «Les élucubrations de l'Evangelium Veritatis sur le Nom», *SMR* 5 (1962) 185-214.

MONDÉSERT (C.), *Clément d'Alexandrie*. Introduction à l'étude de sa pensée religieuse à partir de l'Écriture (*Théologie*, 4), Paris, 1944.

MORARD (F.), «Monachos, moine. Histoire du terme grec jusqu'au 4ᵉ s. Influences bibliques et gnostiques», *Freiburger Zeitschrift für Philosophie und Theologie* 20 (1973) 332-425.

MOREAU (J.), *Plotin ou la gloire de la philosophie antique* (*Bibliothèque d'Histoire de la Philosophie*), Paris, 1970.

MORIN (E.), *La Méthode: La nature de la Nature*, Paris, 1977.

NOCK (A. D.), FESTUGIÈRE (A. J.), Hermès Trismégiste. *Corpus Hermeticum* (*Collection des Universités de France*), t. 1-4, Paris, 1954-1960.

PEARSON (B. A.), «The Tractate Marsanes (NHC X) and the Platonic Tradition» in *Gnosis* (Festschrift H. Jonas), éd. B. ALAND, Göttingen, 1978, p. 373-384.

PUECH (H. Ch.), «Les nouveaux écrits gnostiques découverts en Haute-Égypte», in *Coptic Studies in Honour of Walter Ewing Crum*, Boston, 1950, p. 91-154.

—, «Plotin et les Gnostiques», in *Les sources de Plotin* (*Entretiens sur l'Antiquité classique*, V), Vandœuvres/Genève, 1960, p. 159-190.

—, *En quête de la Gnose*, I: *La Gnose et le temps*, II: *Sur l'Évangile selon Thomas* (*Bibliothèque des Sciences humaines*), Paris, 1978.

QUASTEN (J.), *Patrology*, I, Utrecht, 1950.

ROBERGE (M.), *Noréa* (NH IX,2) (*BCNH*, Section : 'Textes', 5), Québec, 1980.

ROBIN (L.), MOREAU (J.), Platon. *Œuvres complètes* (*Bibliothèque de la Pleiade*, 64), Paris, 1970.

ROBINSON (J. M.), «The Three Steles of Seth and the Gnostics of Plotinus», in *Proceedings of the International Colloquium on Gnosticism*, Stockholm, Aug. 20-25, 1973 (*Filologisk-filosofiska serien*, 17), Stockholm, 1977, p. 132-142.

—, éd., *The Nag Hammadi Library in English*, San Francisco, 1977.

—, WISSE (F.), «The Three Steles of Seth (VII, 5)», Introduction et traduction, in *The Nag Hammadi Library in English*, éd. J. M. Robinson, San Francisco, 1977, p. 362-367.

SAGNARD (F. M. M.), *La Gnose valentinienne et le témoignage de saint Irénée*, (*Études de Philosophie médiévale*, 36), Paris, 1947.

—, Clément d'Alexandrie. *Extraits de Théodote* (SC, 23), Paris, 1948.

SCHENKE (H. M.), «Das sethianische System nach Nag-Hammadi-Handschriften», in *Studia Coptica*, éd. P. NAGEL, Berlin, 1974, p. 165-173.

—, «The Phenomenon and Significançe of Gnostic Sethianism», in *The Rediscovery of Gnosticism*. Proceedings of the International Conference on Gnosticism at Yale, New Haven, Connecticut, March 28-31, 1978 (Supplements to *Numen*, 41), éd. B. Layton, Leyde, 1981, t.2, p. 588-616.

SIEBER (J. H.), «An Introduction to the Tractate Zostrianos from Nag Hammadi», *NT* 15 (1973) 233-240.

SLEEMAN (V. H.), POLLET (G.), *Lexicon Plotinianum*, Leyde, 1980.

STERN (L.), *Koptische Grammatik*, Leipzig, 1880.

TARDIEU (M.), «'Les Trois Stèles de Seth'. Un écrit gnostique retrouvé à Nag Hammadi», *RSPT* 57 (1973) 545-575.

—, *Trois mythes gnostiques*. Adam, Éros et les animaux d'Égypte dans un écrit gnostique de Nag-Hammadi (*EA*), Paris, 1974.

—, «Les livres mis sous le nom de Seth et les Séthiens de l'hérésiologie», in *Gnosis and Gnoticism*. Papers read at the Seventh International Conference on Patristic Studies (Oxford, September 8th-13th 1975), éd. M. Krause (*NHS*, 8), Leyde, 1977, p. 204-210.

—, «Le Congrès de Yale sur le Gnosticisme (28-31 mars 1978)», *REtA* 24 (1978) 188-209.

TILL (W.), *Koptische Grammatik* (Saïdischer Dialekt), Leipzig, 1960.

TRESMONTANT (C.), *La métaphysique du Christianisme et la naissance de la Philosophie chrétienne*, Paris, 1961.

WALLIS (R. T.), *Neo-Platonism*, Londres, 1972.

INTRODUCTION

I. Le Traité

Les *Trois Stèles de Seth* (3StSeth) constituent le cinquième et dernier traité du Codex VII de la Bibliothèque copte de Nag Hammadi (conservé au Musée copte du Caire sous le numéro d'inventaire 10546) qui s'étend de la page 118 (dixième ligne) à la page 127 (vingt-septième ligne). Le texte est rédigé en *sahidique*, le principal dialecte copte en usage dans la Haute-Égypte, l'original ayant été écrit en grec, comme c'est le cas pour la plupart des textes de Nag Hammadi[1]. Il n'existe pas d'attestation formelle de ce traité. Michel Tardieu, le seul chercheur qui ait présenté une introduction bien documentée des 3StSeth[2], signale une autre version du mythe de Trois Stèles à la fin de l'*Évangile des Égyptiens* (EvEgypt, III,2); il a aussi relevé des témoignages parallèles dans *Zostrien* (Zost, VIII,1), dans la *Vie de Plotin*[3]. Mais, en réalité, toutes ces références constituent des parallèles à l'un ou l'autre élément du texte et non des attestations formelles de l'existence des 3StSeth. Cette première présentation complète que nous en proposons essaie de stimuler plus activement l'intérêt des chercheurs pour ce traité.

1. *Le titre de l'ouvrage*

L'*incipit* fait état d'un titre long: *La Révélation par Dosithée des Trois Stèles de Seth*, mais l'*explicit* ne retient que *Les Trois Stèles de Seth*, dénomination utilisée par les chercheurs pour désigner le traité.

Ce dernier se présente donc comme une *révélation* ou une *apocalypse*. J. J. Collins qui a étudié ce genre littéraire et en a établi la typologie le définit comme un discours de révélation inséré dans un cadre narratif: un

---

[1] J. M. Robinson, Introduction à *The Nag Hammadi Library in English*, San Francisco, 1977, p. 13.

[2] Cf. M. Tardieu, «"Les Trois Stèles de Seth", un écrit gnostique retrouvé à Nag Hammadi», *RSPT* 57 (1973) 545-575.

[3] Cf. *EvEgypt*, 68,10-13; *Zost*, 130,1-4. Dans ce dernier passage il s'agit du prophète Zostrien lui-même qui écrivit, après la révélation reçue, trois tablettes destinées aux élus. Dans la *Vie de Plotin*, § 16, il est question des Gnostiques qui avaient en leur possession un grand nombre d'écrits et «montraient les apocalypses de Zoroastre, de Zostrien, de Nicothée, d'Allogène, de Mésos et autres semblables» sans autre précision que ce soit; de même, en *Enn.*, II 9,14(2-5), Plotin parle des incantations (ἐποιδάς) faites par les Gnostiques pour charmer les êtres supérieurs.

médiateur, le révélateur céleste, se manifeste à un destinataire humain, et lui communique une réalité transcendante comportant une double dimension temporelle (le salut eschatologique) et spatiale (l'existence d'un monde surnaturel)[4]. Appliquant cette description du genre aux textes de Nag Hammadi, il conclut : «En dépit des traits distinctifs très caractéristiques de la littérature gnostique de révélation, un groupe important de textes gnostiques correspond à la définition d'"apocalypse'»[5]. En complément de cette information, F. Fallon précise, dans une étude sur les Apocalypses gnostiques, les données générales proposées par Collins[6]. Selon lui, les 3StSeth doivent être classées dans le sous-genre «stèle de révélation» et ne peuvent être considérées comme une révélation gnostique au sens d'une révélation par un médiateur céleste à un voyant affecté d'un pseudonyme[7]. Cependant, à l'analyse, les choses apparaissent moins radicales; les 3StSeth présentent un double cas de fiction littéraire dans la transmission d'un *discours de révélation* : Seth reçoit d'Adamas, son Intellect-Père, le contenu des hymnes qu'il grave sur des Stèles[8]; Dosithée, par la suite, découvre ces écrits (118,16-17) et les transmet aux élus, semence de Seth.

Les premiers siècles de l'ère chrétienne foisonnent de telles fictions littéraires destinées à accréditer un *Logos* de révélation; A.-J. Festugière a étudié le phénomène à propos du *Logos* hermétique d'enseignement[9]. Selon les versions de ce mythème, un prophète est instruit d'un enseignement secret soit directement, par songe, extase ou conversation avec un dieu, soit indirectement par découverte d'un écrit d'origine divine (tablettes ou stèles) ou par tradition orale ou écrite laissée par un personnage illustre.

Or les 3StSeth, telles qu'elles nous sont parvenues, font état de ce double procédé de transmission. Lors de la première rédaction du texte, un élu, Seth, se présentait comme ayant reçu au cours d'extases multiples un enseignement secret (118,20-23). Par la suite, un second rédacteur aurait introduit la fiction d'une découverte de Stèles pour justifier une relecture du texte primitif : un personnage, Dosithée, aurait pris connais-

[4] Cf. J. J. COLLINS, «Apocalypse : the Morphology of a Genre», *Semeia* 14 (1979) 9.
[5] ID., p. 19.
[6] Cf. F. FALLON, «The Gnostic apocalypses», *Semeia* 14 (1979) 123-158.
[7] ID., p. 146.
[8] Comme Tat en OgdEnn 61,25-30, et aussi Zostrien, en Zost 130,1-2 et d'autres.
[9] Cf. A.-J. FESTUGIÈRE, *La Révélation d'Hermès Trismégiste*, I : *L'Astrologie et les Sciences occultes*, (EB), Paris, 1950, p. 309-354; d'autres attestations de ce genre sont courantes dans le *Corpus Hermeticum*.

sance de ces hymnes au cours d'une vision où il fut transporté en un lieu
où ce texte était caché (118,13-19).

Qui est ce Dosithée? H.-M. Schenke pense qu'il s'agirait du fondateur
légendaire de la gnose, maître de Simon le Mage[10]; selon cet auteur, les
3StSeth constitueraient pour l'histoire le premier «témoignage direct de
la relation entre la gnose séthienne et le samaritanisme»[11]. Ainsi donc
serait enfin trouvé le chaînon manquant qui permettrait de relier
Dosithée à la gnose samaritaine comme l'ont toujours supposé les
hérésiologues! En revanche, H.-Ch. Puech suivi par M. Tardieu refuse
cette attribution alléguant qu'on ne peut tirer argument du nom de
Dosithée pour supposer un lien entre la gnose et le milieu samaritain.
«Le 'Dosithée' du titre de notre ouvrage ne serait qu'un personnage
totalement mythique jouant le rôle de l'inventeur des Stèles ou de
l'interprète du texte»[12]. De toutes manières, ce patronage ne fait ici que
souligner l'importance dont était revêtu le nom de Dosithée dans les
sectes gnostiques. Il devait servir à accréditer la valeur du contenu de
l'écrit et l'authenticité de sa transmission auprès d'un certain milieu; il ne
reviendra plus d'ailleurs dans la suite du texte.

Seth est celui qui aurait gravé les Stèles, instruit de leur contenu par
Adamas. Le nom de Seth a été emprunté à la Bible, soit à la tradition
yahviste qui voyait en sa naissance une «autre descendance à la place
d'Abel» (Gn., 4,25), soit plus sûrement à la tradition sacerdotale qui fait
descendre Seth directement d'Adam qui «l'engendra à sa ressemblance,
comme son image» (Gn., 5,3). Cette dernière tradition, de même provenance que le récit de la création en six jours, veut marquer la transmission de la similitude divine comme caractère de nature passant d'Adam,
par Seth, à tous ses descendants innocents du sang d'Abel le juste. C'est
pourquoi l'histoire biblique et les légendes juives combinent finalement
les deux traditions yahviste et sacerdotale, et voient en Seth celui qui
donne naissance à une «race autre» (origine probable de la dénomination d'Allogène), celle qui a gardé intactes en elle-même la ressemblance
et l'image de Dieu. Le traité de Nag Hammadi qui récupère le plus
d'éléments de cette tradition biblique est, sans conteste, l'Apocalypse

---

[10] H.-M. SCHENKE, « Das Sethianische System nach Nag-Hammadi-Handschriften »,
in Studia Coptica, éd. P. NAGEL, Berlin, 1974, p. 165-172.

[11] ID., p. 172: «so haben wir damit erstmalig ein direktes Zeugnis für eine Beziehung
zwischen der sethianischen Gnosis und dem Samaritanertum».

[12] H.-Ch. PUECH, «Les nouveaux écrits gnostiques» in Coptic Studies in Honor of W. E.
Crum, Boston, 1950, p. 126.

d'Adam (ApocAd, V,5) qui met en évidence Seth et sa descendance comme héritiers de la «sagesse de connaissance» d'Adam[13].

Quant au nombre des stèles, le chiffre *trois* se référait directement aux trois hypostases, l'Autogène, Barbélo et l'Inengendré, cette triade divine principe du monde plérômatique. Selon A. Böhlig, le chiffre *trois* est, dans la culture égyptienne, un nombre premier (*eine Primzahl*). Car, explique-t-il, *un* ne faisant pas nombre, la numération commence avec *deux*; ainsi *trois* devient le signe le plus simple de la pluralité et aussi de la totalité (par exemple, matin, midi, soir pour la totalité du jour; père, mère, fils, etc.)[14]. La vraisemblance de cette opinion s'accorde avec le contenu des 3StSeth: la triade constitue la totalité de l'être comme seul monde réel à l'instar du Monde des Idées de Platon. Pourtant si nous admettons, comme nous le ferons, une parenté entre les 3StSeth et le Néoplatonisme, le chiffre *trois* renvoie également à la triade Être-Vie-Pensée dont l'expression plotinienne (l'Un, l'Intellect-Être, l'Âme) se rapproche le plus de notre texte: «Rien de plus, dira Plotin, que les trois hypostases»[15].

2. *La littérature gnostique dite « séthienne »*

Une abondante littérature de la Bibliothèque copte de Nag Hammadi met sous le nom de Seth divers écrits au point que, à la suite des hérésiologues Irénée, Hippolyte et Épiphane, des chercheurs en sont venus à parler de gnose séthienne ou de séthianisme. A-t-il existé historiquement une *gnose séthienne*? Y a-t-il eu une ou des sectes rassemblées autour de ce nom?

Le partisan le plus convaincu de l'existence d'une gnose typiquement *séthienne* reste H.-M. Schenke. Il exposa cette opinion pour la première fois dans son article «Das Sethianische System nach Nag-Hammadi-Handschriften» paru dans les *Studia Coptica*. Pour lui, les écrits spécifiquement séthiens ne sont pas nécessairement ceux qui portent le nom de Seth (ex. GrSeth) ou qui s'en réclament, ni ceux que les hérésiologues décrivent comme tels. Il faut partir, dit-il, de l'analyse de certains traités de Nag Hammadi pour dégager les caractéristiques spécifiques du séthianisme; elles seraient au nombre de six: 1) la prise de conscience de

---

[13] Cf. ApocAd, 85,15-16; voir G. W. MACRAE, «The Apocalypse of Adam», in *The Nag Hammadi Library in English*, éd. J. M. ROBINSON, San Francisco, 1977, p. 256.
[14] Cf. A. BOEHLIG, «Zum "Pluralismus" in den Schriften von Nag-Hammadi», in *Essays on the Nag Hammadi Texts in honor of Pahor LABIB* (*NHS*, 6), Leyde, 1975, p. 22.
[15] *Enn.* II 9,2 (1-2).

soi comme membre de la semence de Seth sauvée *par nature*; 2) le personnage de Seth comme sauveur à la fois céleste et terrestre, ou celui d'Adamas, sauveur céleste et terrestre, se servant de son fils Seth comme médiateur du salut; 3) la périodisation de l'histoire sous la forme des quatre Éons ou Luminaires, Harmozel, Oroiaël, Daveithé et Eleleth; 4) la triade du Père primordial, de la Mère-Barbélo et de l'Autogène-Fils; 5) la localisation du royaume du démiurge Ialdabaoth au-dessous des quatre Éons, présidant 6) les destinées du monde d'en-haut qui prédéterminent l'Histoire[16].

Contre cette systématisation se sont élevés K. Rudolph et F. Wisse au Congrès de Yale (28-31 mars 1978)[17]. Mais déjà au Congrès d'Oxford (8-13 septembre 1975), M. Tardieu analysant les témoignages des hérésiologues concluait ainsi son intervention: «Il n'y a donc pas sur cette base de système proprement 'séthien', mais seulement des livres mis sous le nom de Seth ('séthiens' ou non) et des livres qui, sans lui être attribués, rendent compte de sa fonction ('séthiens' ou non)... Laissons aux hérésiologues leurs catégories, et revenons aux textes des Gnostiques eux-mêmes, pour apprécier le dosage des sources, la continuité des parallèles, la diversité des formes de pensée, logiques ou non, et leurs constantes»[18].

[16] Cf. H.-M. SCHENKE, *art. cit.*, p. 166-171. Nous verrons plus loin comment ces quatre Éons symbolisent les quatre races ou les quatre périodes de l'Histoire.

[17] Le Congrès qui s'est tenu à l'Université de Yale (28-31 mars 1978) aux États-Unis avait un double objet: la Gnose «séthienne» et la Gnose valentinienne. Il réunissait 288 participants; voir le compte-rendu qu'en donne M. TARDIEU, «Le Congrès de Yale sur le Gnosticisme (28-31 mars 1978)», *REtA* 24 (1978) 188-209. Notre recherche sur les 3StSeth était déjà achevée quand a paru le texte de H.-M. SCHENKE, «The phenomenon and significance of gnostic Sethianism», in *The rediscovery of Gnosticism*, Proceedings of the International Conference on Gnosticism at Yale, New Haven, Connecticut, March 28-31, 1978, vol. 2, Leyde, 1981, p. 588-616. Nous sommes d'accord avec lui, en ce qui concerne les 3StSeth, sur plusieurs points: l'existence d'une communauté séthienne, au moins de celle qui utilisait liturgiquement le texte, l'usage fictif du nom de Dosithée, l'appartenance des 3StSeth à un groupe de textes gnostiques non-chrétiens (Allog, Mar, Nor, Zost). Nous pensons également que le caractère séthien d'un texte ne réside pas dans la seule terminologie mais dans la structure de pensée, dans la relation entre le contenu et la forme. Nous avons clairement mis en évidence les relations entre les Stèles et la philosophie de Plotin, malgré les appréhensions de Schenke pour un tel rapprochement (*o.c.*, p. 613). Le cadre mythique du traité supporte toute une conception philosophique de la gnose; c'est pourquoi nous avons tenu dans notre travail à distinguer les plans mythique et philosophique. La structure mythique peut se définir comme séthienne au sens de Schenke, la philosophie sous-jacente, elle, est apparentée aux milieux néoplatoniciens proches de Plotin.

[18] M. TARDIEU, «Les livres mis sous le nom de Seth et les Séthiens de l'hérésiologie», in *Gnosis and Gnosticism.* Papers Read at the Seventh International Conference on Patristic Studies (Oxford, September 8th-13th, 1975), éd. M. KRAUSE (*NHS*, 8), Leyde, 1977, p. 210. Voir aussi A. F. J. KLIJN, *Seth in Jewish, Christian and Gnostic Literature* (Supplements to *Novum Testamentum*, 46), Leyde, 1977.

Conclusion méthodologique

Le débat est loin d'être clos. De sorte qu'il semble prématuré de se livrer à une synthèse quelconque (surtout qui se veuille définitive ou exclusive) des textes de Nag Hammadi, sans que ne soit constitué auparavant un *Index* général de la Bibliothèque, ou une Concordance thématique. Il faut s'attacher dans l'immédiat à mettre au point les tâches essentielles de l'heure : commentaire linéaire et thématique des différents traités, recherche sur leur provenance et leur datation, étude de l'évolution des doctrines et donc du lexique, constitution enfin de différents *corpus*. Toute synthèse actuelle ne peut être que partielle, servant d'indices ou de balises à des recherches ultérieures plus approfondies.

Pour mener à bien cette présente étude des 3StSeth, nous préciserons le contenu de ce traité en faisant appel aux écrits de la bibliothèque de Nag Hammadi qui, comme ce traité, s'apparentent à la doctrine néoplatonicienne : *Zostrien* (Zost VIII,1), *Noréa* (Nor IX,2), *Marsanès* (Mar X,1) et *Allogène* (XI,3). De la sorte, nous pensons éviter les parallélismes tendancieux basés sur une similitude toute apparente de termes ou sur l'homonymie lexicale.

De même, à la suite de H. Jonas, J. H. Sieber et B. A. Pearson qui ont mis en lumière les affinités de ces textes avec la pensée plotinienne[19], nous établirons des comparaisons entre les 3StSeth et les *Ennéades* de Plotin, chaque fois que cela sera utile à une meilleure compréhension du contenu doctrinal de notre traité[20].

II. LA PRÉSENTATION DU TEXTE

1. *Contenu*

Un *incipit* assez long ouvre le traité (118,10-19) : Dosithée expose comment il a découvert les 3StSeth et en a pris connaissance ; il assure le lecteur de l'authenticité de la transmission qu'il en fait.

---

[19] Certains chercheurs ont déjà signalé la proximité des thèmes entre ces divers traités ; voir J. H. SIEBER, «An Introduction to the Tractate Zostrianos from Nag-Hammadi», *NT* 15 (1973) 233-240 ; H.-M. SCHENKE, «Das Sethianische System nach Nag-Hammadi-Handschriften», p. 165-173 ; B. A. PEARSON, «The Tractate Marsanes (NHS X) and the Platonic Tradition», in *Gnosis* (Festschrift H. Jonas), éd. B. ALAND, 1978, p. 373-384. Aucune étude sur ce thème n'a encore été publiée à propos des 3StSeth.

[20] Pour nos rapprochements avec certains textes de Nag Hammadi, nous avons mis à profit les traductions parues dans *The Nag Hammadi Library in English*, éd. J. M. ROBINSON, San Francisco, 1977.

Puis le texte passe au style direct : le *Je*, en toute vraisemblance, s'identifie à Seth, père de la race vivante et inébranlable, qui, au cours d'extases multiples, a été jugé digne d'approcher les Grandeurs divines.

L'intitulé *Première Stèle de Seth* (118,25) recouvre une prière d'action de grâces et l'hymne adressé à la première hypostase (118,25-119,15a).

La prière d'action de grâces est une *eulogie* par laquelle Seth bénit Ger-Adama de l'avoir élu et engendré dans l'incorruptibilité. Ayant reçu de lui la connaissance spirituelle, il le considère comme son *Père-Intellect*. En signe de reconnaissance, il adresse à la triade divine une triple invocation.

La première s'adresse à l'*Autogène* grand et bon qui a pour mission de manifester le monde divin et les entités qui l'habitent. Dieu *premier dressé*, il est la première manifestation divine (119,16). Ainsi, s'identifie-t-il à tout ce qu'il rend manifeste. En réalisant dans son être même l'ubiquité divine, il a puissance en tout lieu : partout sa présence est reconnue comme principe de cohésion et de salut (119,32-34). Parcourant ainsi tout l'espace céleste et terrestre, présent à chaque niveau de l'Histoire selon des modes appropriés, il définit l'Allogène par excellence, celui qui est d'une *autre race*.

Devant les immenses bienfaits de cette manifestation Seth (identifiable au *Je*) rend gloire au Sauveur pour la *part de Dieu* qu'il a reçue (120,15-17) et qui l'habite comme puissance de salut. Puissance qui a rendu fécondes les entités supérieures du monde plérômatique en les rendant triplement mâles ; puissance qui engendre Seth et sa race à la vie éternelle. Ainsi se réalise le salut (120,24-28) de *ce qui s'est abaissé*, suivant une économie — un conseil — mise en place dans le Plérôme (120,28).

L'Autogène est célébré, en conséquence, comme le Dieu-Sauveur déclaré Père à son tour (120,26-27), *Logos* de régénération. L'assemblée des élus lui rend grâce d'avoir réunifié le *Tout* en réarticulant les membres dispersés (120,30-31). Ainsi s'accomplit sa mission : il sort de l'Un, manifeste le Plérôme et retourne à l'Un avec les fruits de sa mission. Comme un héros vainqueur, il reçoit la couronne et le dieu couronné couronne à son tour ceux qui ont été sauvés.

Dans une prière finale, l'assemblée célèbre l'Autogène comme la manifestation parfaite des Grandeurs plérômatiques.

La deuxième Stèle est consacrée à *Barbélo*, l'hypostase féminine de la triade sacrée, décrite sous les traits caractéristiques de l'*Ennoïa* du Père Invisible. Androgyne, parfaite, dyadique de nature, elle est présentée comme Intellect (principe d'unité) et comme Vie (principe de multiplicité). Intellection parfaite du Non-Être, elle s'identifie à lui dans une vision qui la constitue, elle, image préexistante du Non-être (121,25-34).

En tant que l'Ombre première du Père-Saint, elle émane de Lui comme Génitrice (122,5) dans un mouvement la faisant passer de l'intériorité à l'extériorité, qui est engendrement de multiplicité. Cette multiplication divise l'être sans lui faire perdre son unité (122,6-10). Mais, en tant qu'Intellect, par conversion vers l'Un, Barbélo s'assimile à lui et devient l'unité de l'Un. C'est dans ce double mouvement de procession (multiplicité) et de conversion (unité) que se constitue la *Dyade* (122, 10-18).

De cette fragmentation de l'être résulte la hiérarchie des êtres selon la trilogie *être—vie—pensée* (122,19-25). Barbélo devient ainsi principe d'égalité et d'inégalité, de ressemblance et de dissemblance, répartissant la puissance entre les êtres et les hiérarchisant par mode de genres et de formes (122,26-34). Cette «dispensation» de l'hypostase institue les êtres dans leur intelligibilité; la puissance divine *cachée* en eux signifie la révélation du salut (122,34-123,7).

Dans son état plérômatique de *mâle-engendreur* de nombres, elle engendre d'une manière incorruptible les élus comme existants vrais. Ainsi leur est communiqué l'être plénier: le salut sous forme de sagesse, la vie sous forme de vérité et l'intellection sous forme de saisie de leur vraie nature plérômatique (123,8-22).

La Stèle se termine par une prière (123,25-124,13) adressée par toute la communauté à Barbélo lui demandant le rassemblement, la vision intellective et le salut.

La troisième Stèle s'adresse à l'*Inengendré*, l'hypostase suprême célébrée par les élus parvenus au terme de leur expérience spirituelle. Dans un moment de joie extatique, ils se réjouissent de la connaissance qui leur est donnée du Préexistant réel (124,17-21).

Après ce préambule commence l'invocation de l'Inengendré, principe d'où sont émanées toutes les entités plérômatiques. Puis, dans une litanie d'attributs divers, la Transcendance absolue est identifiée positivement comme Existence, Père, Créateur, Dispensateur de tout bien (124,26-33).

Après une lacune de deux lignes et demie (125,1-3a) où il était question peut-être de la transcendance absolue de l'Esprit seul à se connaître (125,3-4), le texte développe sous forme d'une démonstration (cinq fois ⲅⲁⲣ) ce thème de la transcendance de l'Esprit. Indicible, lui seul peut accorder la lumière qui permette de le voir et procure le Salut (125,5-22). L'illumination alors identifie les élus à l'Esprit (125,23-126,4). Dans leur enthousiasme, ils invoquent l'Inengendré sous une forme glossolalique de noms mystérieux (126,5b-13). Qui pourrait le bénir comme il convient quand jamais louange ne pourra égaler ses mérites? Suit enfin la bénédiction adressée par la communauté à l'Esprit pour le salut éternel demandé et accordé (126,14-34).

Les six premières lignes de la page 127 sont lacuneuses, il faut supposer logiquement qu'elles contenaient la mention «Troisième Stèle de Seth», comme ce fut le cas à la fin des deux premières Stèles. À la fin de la sixième ligne commencent des notations rituelles sur la manière de réciter les Stèles (127,6-21). Le texte se termine par une déclaration sous la forme d'un renvoi de la communauté rassemblée (127,21-26). L'*explicit* porte uniquement *Les Trois Stèles de Seth* sans qu'il soit question de *La Révélation de Dosithée*.

2. *Hypothèse rédactionnelle*

Les 3StSeth présentent des indices certains de relecture, de ruptures stylistiques, de gloses ou de contradictions dans la thématique elle-même. L'hypothèse d'une *double rédaction* de l'écrit semble être la plus apte à rendre compte de ces phénomènes d'écriture.

Sous sa forme la plus primitive, le traité serait un hymne à la Triade, probablement attribué à Seth. Son *incipit* (118,20-24) rappelait que l'auteur, Seth(?), avait eu le privilège d'être associé aux Puissances qui rendent gloire à la Triade («les Grandeurs incommensurables») dans le Plérôme, ce rappel servant à authentifier l'hymne. Suivait une invocation aux trois hypostases: l'Autogène (119,15-34; 120,15b.26b-121,16), Barbélo (121,20-122,18; 123,2-124,13) et l'Inengendré (124,17-125,17; 125,22-27; 126,5-11; 126,12-127,?). Le traité s'achevait alors par une exhortation adressée à celui qui rendrait gloire à la Triade en récitant cet hymne; il lui est promis de devenir parfait parmi les parfaits (127,4[?]-11).

Il va de soi que les références données précédemment sont purement indicatives. S'il paraît possible de discerner avec certitude les ajouts opérés par le rédacteur, le genre hymnique ne permet pas de juger de l'importance des remaniements ou amplifications qui ont pu être apportés dans la trame même de l'hymne.

L'intervention du deuxième rédacteur des 3StSeth paraît avoir été commandée par deux préoccupations distinctes: il a voulu d'abord adapter la forme de l'hymne à une lecture liturgique et a relu, ensuite, l'enseignement sur la Triade à la lumière de la théorie «séthienne» des quatre races.

Lecture liturgique

La division du texte en trois Stèles, avec indication de leur commencement et de leur fin (Iʳᵉ Stèle: 118,25 et 121,16-17; 2ᵉ Stèle: 121,18-19 et 124,13-14; 3ᵉ Stèle: 124,16ss) par un *titre*, est en soi exceptionnelle. Pourquoi répéter le titre *avant* et *après* la Stèle? On peut noter de plus que la place du titre de la première Stèle est curieuse: on l'attendrait plutôt en 119,15 (*Grand est le bon Autogène*) qui marque le début réel de l'hymne à la Triade et non pas, comme c'est le cas, avant la bénédiction à Adamas. De plus, le titre de la première Stèle implique une rupture d'avec ce qui précède; en effet, en 118,24, ⲉⲩϣⲟⲟⲡ ⲇⲉ ⲛ̄ϯϩⲉ devrait désigner les Grandeurs, c'est-à-dire la Triade, et non pas les Stèles.

Ces indices d'une introduction tardive de la mention des Trois Stèles, insuffisants en eux-mêmes, acquièrent un relief nouveau à la lumière de la notice de conclusion.

Cette notice (127,11-21), à fonction liturgique, indique que la lecture des trois bénédictions peut se faire dans l'ordre de l'écrit ou dans l'ordre inverse (de la 3ᵉ à la 2ᵉ puis à la 1ʳᵉ). Quoi qu'il en soit de la signification de ce rite (des hypothèses sont toujours possibles!), il implique une division matérielle du texte qui permette au lecteur de retrouver immédiatement le début de chaque Stèle. Il semble même que le découpage en trois hymnes et la rubrique liturgique soient à expliquer conjointement.

De plus, cette hypothèse a le mérite de justifier le chiffre trois (3 bénédictions), alors que la référence à trois Stèles ne semble pas reposer sur une tradition sûre. En effet, d'après les traditions dont nous disposons, Seth n'aurait fait graver que deux Stèles. En tout état de cause, le titre *Trois Stèles de Seth* ne s'explique qu'au niveau de cette rédaction finale.

Il en va alors de même de l'*incipit* en 118,10-19 qui attribue à Dosithée la transmission fidèle de ces trois Stèles qu'il aurait lui-même vues et lues. Sa place entre Seth et les élus apparaît comme une garantie fictive de l'authenticité et de la crédibilité de la révélation contenue dans les 3StSeth. Peut-être même serait-il possible de lire ce prologue sans la mention de Dosithée et de la garantie qu'il apporte à la *paradosis*! Cette lecture aboutirait à la simplification de l'*incipit*: *Les Trois Stèles de Seth, Père de la race vivante et inébranlable* (118,11-13a); puis suivrait la ligne 20: *Bien souvent, j'ai été associé...*etc. Ainsi les lignes consacrées à Dosithée ne seraient qu'un ajout rédactionnel.

La Triade et la théorie séthienne des quatre races

En introduisant le personnage de Dosithée et en précisant la filiation de Seth (fils de Ger-Adamas), le rédacteur met en relief la division quadripartite de l'humanité, telle que la concevaient les séthiens:

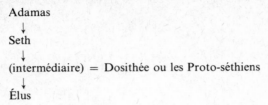

Adamas
↓
Seth
↓
(intermédiaire) = Dosithée ou les Proto-séthiens
↓
Élus

Ainsi se trouve dépassé le schéma à 3 générations: Autogène-Seth-les Élus.

Cette quadripartition de l'humanité sera reprise de façon plus explicite encore par le deuxième rédacteur au cours de la Ire Stèle (119,34-120,15a), lorsque, commentant le fait que l'Autogène est connu du monde sensible par lui-même et par sa semence (119,33-34), il entamera un long développement sur les quatre races, dont le caractère rédactionnel n'est pas douteux.

Cette référence au système séthien a pour premier effet de faire apparaître le personnage d'Adamas, ancêtre céleste de Seth et des élus, mais elle oblige aussi le rédacteur à expliciter les rapports existant entre Adamas et l'Autogène. D'une part, il semble distinguer Adamas de la Triade quand il affirme que ce dernier a vu les Grandeurs (= Triade chez le premier rédacteur), mais, d'autre part, il insiste sur sa nature «divine» en affirmant qu'il est Mirôthéas et Mirôthéos, qu'il est lumière parce qu'il manifeste les lumières; il est comme dieu et c'est pour cette raison que Seth peut dire «bénir la divinité d'Adamas» quand il adresse son hymne à l'Autogène (119,15). Comme on le voit, il existe un certain flou dans la définition qui est donnée d'Adamas, ce qui s'explique très bien s'il a été introduit après coup et assimilé à la *manifestation de l'Autogène.*

Notons seulement que cette alliance de spéculations sur la Triade avec celles sur les quatre races se retrouve aussi dans l'ApocrJn, et que, là aussi, la synthèse n'est opérée que difficilement.

Cet ensemble de remarques suffit, à notre avis, à justifier l'hypothèse d'une double rédaction qui permet de rendre compte de l'organisation actuelle du traité et d'en proposer une interprétation plus cohérente. Résumons ainsi l'hypothèse rédactionnelle:

Ire rédaction	*2e rédaction*
	Incipit: 118,10.13b-19
Incipit: 118,11-13a.20-24	
	Ire Stèle: 118,25a
	Prière à Adamas: 118,25b-119,15a
Hymne à l'Autogène: 119,15b-34	
	Commentaire sur les 4 races: 120,1-15a; 120,15b
	Commentaire sur *la part de Dieu*: 120,16-26a
120,26b-121,16	
	IIe Stèle: 121,18-19
Hymne à Barbélo: 121,20-122,18	
	Commentaire: 122,19-123,2a
123,2b-124,14	
	IIIe Stèle: 124,16
Hymne à l'Inengendré: 124,17-125,17	
	Glose: 125,18-22
125,23-28a	
	Glose: 125,28b-126,4a (?)
126,4-11a	
	Glose: 126,11b-12
126,12-127[4a]	
127,4b(?)-11a	
	Rubrique liturgique: 127,11b-21a
127,21b-26	
	Les Trois Stèles de Seth: 127,27

3. *Genre littéraire et plan des 3StSeth*

Les 3StSeth sont présentées comme une *apocalypse*. D'après la typologie de ce genre littéraire établie par J.J. Collins et F. Fallon pour les textes de Nag Hammadi, l'apocalypse est constituée par un discours de révélation inséré dans un cadre narratif; elle suppose un médiateur céleste, un destinataire humain, la communication d'une réalité transcendante concernant l'existence du monde surnaturel et le salut eschatologique. Selon ces critères, on peut dire que les 3StSeth sont une apocalypse.

En effet, dans une première fiction littéraire, le personnage de l'Autogène est identifié au médiateur céleste entre le monde plérômatique et l'Engendré; c'est lui qui manifeste à Seth l'existence du monde d'en-haut, le rassemblement des élus dispersés à travers le Tout et leur retour à l'Un. Cependant, la relecture de ce texte par un autre rédacteur a donné lieu à une deuxième fiction: Seth est considéré alors comme le médiateur céleste qui communique la révélation à un voyant affecté du pseudonyme de Dosithée. Ce doublet a permis de préciser la filiation de Seth et l'existence des quatre races ou générations assumées dans le plan du Salut.

Cependant, les éléments du cadre narratif de cette révélation, diffus à travers le traité, demandent à être mis en évidence. Le texte montre que du Père invisible émane Barbélo qui a pour mission de manifester la Lumière. D'elle aussi émane la totalité du Plérôme : elle engendre le nombre des élus «sans les mettre au monde». L'Autogène, lui, reçoit la mission de manifester *ad extra* le monde plérômatique. Se dispersant dans l'Engendré, il rend sa puissance présente partout même dans le monde sensible. Les élus en tant que *salvandi*, sur ordre du Père, prennent conscience d'eux-mêmes en découvrant le Salut (= Barbélo) caché en eux; ils sont ainsi constitués parfaits individuellement. L'Autogène, au terme de sa mission, rassemble les élus, réunit le Tout en se réunifiant lui-même. Le Salut final sera accompli quand la multitude des Ombres issues de l'Ombre réintégrera la Monade Primordiale. Barbélo, alors, redevenue Vierge-Mâle, retournera au Père Invisible.

On voit donc que toutes les caractéristiques du genre littéraire *apocalypse* se trouvent vérifiées dans les 3StSeth.

Ce traité se présente aussi, dans sa forme littéraire, comme un hymne triple consacré à la triade : l'Autogène, Barbélo et l'Inengendré. Selon les lois du genre, l'hymne est essentiellement une prière à un dieu. A. J. Festugière qui a étudié l'*Hymne à Zeus* de Cléanthe, en se référant aux règles énoncées par les rhéteurs de l'Époque Impériale, distingue comme éléments constitutifs l'invocation initiale suivie d'une prière; mais, «dans le cas où le poète expose les δυνάμεις du dieu, la partie intermédiaire s'offre tout naturellement (...) pour une digression philosophique»[21]. L'hymne a donc trois parties : une invocation initiale, un développement consacré à la puissance du dieu (ses fonctions) et une prière finale.

En appliquant ces règles de composition aux 3StSeth, on parvient aisément à leur tripartition. L'invocation initiale décrit la nature des hypostases; les Stèles I et II énoncent l'attribut fondamental d'Adamas et de Barbélo : *Grand est le Bon Autogène dressé* (119,17), et *Grand est le premier des Éons...* (121,20), sorte de cri rituel comparable à celui des

---

[21] A.-J. FESTUGIÈRE, *La Révélation d'Hermès Trismégiste*, II : *Le Dieu cosmique* (*EB*), Paris, 1949, p. 314. L'auteur donne comme référence les rhéteurs de l'époque impériale, entre autres Quintillien (III,7,7) : *Uerum in deis generaliter primum majestatem ipsius eorum natura uenerabimur, deinde proprie uim cujusque et inventa, quae utile aliquid hominibus attulerint, uis ostenditur... ; tum si qua ab iis acta uetustas tradidit, commemoranda : addunt etiam dis honorem parentes..., addit antiquitas.*

orfèvres éphésiens: *Grande est l'Artémis des Éphésiens* (*Ac.*, 19,28). Le développement, s'appuyant sur un attribut, détaille la nature et les fonctions de chaque hypostase: Adamas, médiateur et sauveur; Barbélo, Monade pure et Génitrice, qui donne puissance; l'Inengendré qui accorde la connaissance suprême, la gnose. Et les trois Stèles se terminent chacune par une prière sur le thème du salut.

Grâce à ces données, nous pouvons dégager facilement le plan de composition des Stèles telles que nous les livre la rédaction définitive:

Incipit (118,10-24)
   a) La découverte de Dosithée (118,10-19)
   b) La '*dignatio*' de Seth (118,20-23)

Iʳᵉ Stèle

Prière de Seth à Adamas (118,25-119,15a)
Hymne à l'Autogène (119,15b-121,16)
   I. — Invocation de l'Autogène (119,15b-18a)
  II. — Sa puissance de manifestation (119,18b-121,1)
     1) Manifestation du monde d'en haut (119,18-30a)
     2) Médiation de l'Autogène (119,30b-121,1)
       a. médiation dans l'Histoire (119,30b-34a)
       b. médiation au moyen des quatre races (119,34b-120,5a)
       c. commentaire exégétique sur la quadripartition des races (120,5b-15a)
       d. l'Inengendré, origine de la médiation et du Salut (120,15b-26a)
       e. mission de l'Autogène (120,26b-28)
       f. l'Autogène Sauveur (120,29-121,1)
 III. — Prière finale à l'Autogène (121,2-16)
     1) Modèle de Perfection (121,2-8)
     2) Récapitulation du Plérôme (121,9-11)
     3) Volonté salvifique universelle (121,12-16)

IIᵉ Stèle

   I. — Invocation de Barbélo (121,20-24)
  II. — Sa puissance de vision (121,25-123,25)
     1) Vision de son émanation (121,25-122,4)
       a. sa préexistence dans le Préexistant (121,25-30a)
       b. son émanation du Non-être (121,30b-122,4)

III. Le fond doctrinal des 3StSeth

Les Stèles, comme la plupart des hymnes religieux qui célèbrent la divinité, n'offrent pas un contenu doctrinal exhaustif à la manière d'un traité didactique. Cependant, sous l'écriture poétique, il est possible de retrouver la structure de pensée qui constitue la toile de fond du texte, le système auquel le texte est apparenté. Ainsi, en nous fondant sur l'étude de quelques titres appartenant en propre ou en commun aux hypostases des 3StSeth, nous essaierons de dégager les fonctions essentielles de celles-ci. Puis nous élaborerons les systèmes mythique et philosophique présupposés par ces fonctions.

À titre propre, conviennent à l'Inengendré les attributs de Père-Invisible, Esprit-seul, Prééternel, Existence, Protoessence et Créateur; la seconde hypostase Barbélo est appelée Premier Éon, Vierge mâle, Gloire première du Père, Génitrice, Producteur d'éons, Premier révélé, Sagesse et Vérité, tandis que la troisième, l'Autogène, reçoit les qualificatifs de Dieu-Premier-dressé, Premier Nom, Parole et Triple-mâle.

Ces titres, étant propres, ne peuvent en aucune manière être échangés par analogie entre les hypostases, surtout s'il s'agit de l'Inengendré qui, en tant que principe sans principe, ne peut ni recevoir ni communiquer ses propriétés. Par exemple, il est seul à être Existence, Prééternel et Protoessence parce qu'il est présenté comme le premier principe au-delà de toute autre réalité, «antérieur à soi-même». De même, Barbélo, dans son triple rôle de *Protennoia*, de Génitrice et de Sagesse, se définit par ces attributs incessibles; et l'Autogène remplissant des fonctions *ad extra* de manifestation recevra en propre tous les attributs de relation au monde extra-plérômatique.

C'est donc dire qu'au niveau de la titulature propre, la communication des propriétés ne joue pas dans les 3StSeth.

Au point de vue des *titres communs*, à l'Inengendré et à Barbélo reviennent les titres reliés à la *théogonie* et relatifs à la déité suprême: Non-être, Un, Unité, Triple puissance.

L'Esprit et l'Autogène sont appelés Inengendré et Existant, avec cette particularité que le premier sera qualifié d'Existant *réel*. Ces attributs qui semblent les décrire par opposition au *devenir* se réfèrent à la *cosmogonie*.

La seule fonction commune à Barbélo et à l'Autogène concerne la *sotériologie*: en tant qu'archétype du salut, Barbélo se dispense aux élus pour devenir principe de leur rassemblement; de même, l'Autogène, hors du Plérôme, s'est dispersé en tout lieu pour être constitué sauveur. C'est pourquoi aux deux il revient de *donner puissance*, de sauver, chacun à son niveau propre.

Enfin, aux trois hypostases conviennent les titres de Père, d'Intellect, de Sauveur et de Lumière, autant d'attributs ressortissant à la fonction *eschatologique* qui est achèvement des élus par la Gnose.

À partir de ces données, essayons de reconstituer les systèmes mythique et philosophique qui sous-tendent les 3StSeth.

1. *Le système mythique*

a) *Le schéma théogonique* repose sur les fonctions reconnues à l'Inengendré et à Barbélo. L'Inengendré étant Père Invisible se situe dans une solitude totale caractéristique de sa transcendance; aussi est-il appelé *Esprit seul et vivant*. C'est pourquoi il est indicible et innommable, seul à se connaître et doué de la Triple Puissance, au sens de la Puissance parfaite. Description en tous points semblable à celle que donnent du Principe suprême deux autres écrits de Nag Hammadi, l'*Allogène* (Allog) X,3) et *Marsanès* (Mar, X,1)[22]. De lui émane un Éon, Barbélo, son ombre parfaite. Elle est la Vierge mâle, androgyne de nature, qui, comme le dit Mar, 9,1-3 «devint mâle parce qu'elle avait été divisée du mâle». Elle constitue l'élément féminin de la triade, la Mère, Génitrice parfaite dont la fonction essentielle, en plus d'être la Pensée du Père[23], consistera dans la production des Éons, ombres émanées de l'Ombre primordiale. Cette communication de Barbélo la fragmente en une multiplicité virtuelle d'êtres dérivés, engendrant ainsi le nombre de ceux qui porteront en leur cœur sa présence sous forme cachée. Aussi reçoit-elle la dénomination de *Kaluptos*[24], la Cachée, jusqu'au temps de sa manifestation ouverte aux élus où elle deviendra la *Protophanès*.

b) *La cosmogonie* étroitement liée à la théogonie suppose la fonction multiplicatrice de Barbélo, ce qui fait d'elle *l'archétype* de la totalité des êtres; de virtuelle qu'elle était, elle devient actuelle (actualité plérômatique) dans l'hypostase dénommée l'*Autogène*. Ce dernier s'identifie en soi aux Grandeurs qu'il a vues: il est l'Inengendré manifesté, il est l'Existant. En outre, étant hypostatiquement la totalité des êtres de l'*Engendré*, il a pour mission de les rassembler en lui-même jusqu'à devenir le Tout. Aussi reçoit-il le titre de *Dieu dressé, impérissable*, archétype céleste du salut eschatologique[25]. L'Autogène offre ainsi un double visage: en tant que dernière hypostase divine, il constitue la totalité des êtres actuels, remplissant une fonction quasi-démiurgique; en tant que le premier des êtres du monde terrestre, c'est par lui que se réalise le déploiement des éléments de l'univers et leur rassemblement. Ce Dieu de condition théo-cosmogonique s'organise lui-même comme tout (*Autogène*) et organise le tout dans sa diversité.

[22] Cf. Allog, 47,5-25; Mar, 4,15-19; 7,15-19; Zost, 20,15-21(?); 24, 13-17.
[23] Cf. Allog, 48,12-16.51; Mar, 4,10-12.
[24] En Allog, 51,16-17, c'est l'Inengendré qui reçoit l'attribut de *Caché*; ici, Barbélo reçoit ce titre par dérivation, étant l'Image de la Perfection absolue paternelle. Comparer à Zost, 18,8-10.
[25] En Allog, 51,32-34, le Triple Mâle est identifié au salut universel.

c) *L'anthropologie et la sotériologie conséquente* s'articulent autour du mythologème «ce qui s'est abaissé» (120,25). De quel abaissement s'agit-il? Il faut restituer le mythe et supposer que le passage de l'unité à la multiplicité, signifié par l'émanation d'ombres diverses à partir de l'Ombre première (Barbélo), constitue une descente. La multiplicité des êtres comme telle étant l'envers de la perfection primordiale, leur éloignement progressif du Père revient à une imperfection elle aussi progressive. Ainsi se trouve d'ailleurs constituée la semence de Seth, réplique terrestre de l'*autre race* sur laquelle est établie Adamas. Cette semence est dans l'Engendré mais reste enracinée dans la Vie. Au moment du salut que réalisera le Triple Mâle, la semence sera réunie à sa racine céleste. Mais tant qu'elle demeure dispersée dans la matière, tout le temps de l'Histoire, elle subsiste sous forme d'*ennoïa* dans l'attente du Sauveur qui apportera la conscience du salut.

Mais voici qu'une Voix venue de l'Incorruptible proclame Adamas Sauveur en vertu d'une disposition plérômatique. Il reçoit le titre de «Père», c'est-à-dire d'engendreur «sans qu'il mette au monde» (118,27-29). Sortant alors du monde de l'élection, il s'en va dans le *Milieu* à cause de *ce qui s'est abaissé*. Il vient par bonté réunir les parcelles dispersées de Barbélo (= la semence de Seth établie dans l'Engendré) en révélant à tous les élus la parole qui leur donne conscience de leur origine. Cette prise de conscience se réalise par le don de la puissance qui assure la régénération des élus et la conjonction de l'entité céleste de salut à l'*ennoïa* qui était cachée en eux. Ainsi se trouve reconstitué le Tout, l'Autogène, qui est alors déclaré Triple Mâle. Réunifié, le Sauveur est sauvé et remonte à la Perfection primordiale d'où il était sorti pour recevoir la couronne et la donner aux élus[26].

d) *La célébration de l'ascension de l'âme.* C'est sur ce fond mythique, tel que nous venons de le décrire, que s'élabore la célébration liturgique de la *remontée de l'âme*. Nous allons d'abord reconstituer l'itinéraire de l'âme, en nous référant à Mar et à Zost, où les données sont plus explicites; nous appliquerons ensuite ces données aux 3StSeth pour mieux interpréter ce texte.

Séparés du monde de l'Engendré, les élus remontent symboliquement à leur origine par des étapes successives correspondant aux 13 sceaux de

---

[26] Le salut se présente ainsi comme la réunion de Barbélo dispersée à Adamas. C'est le thème final d'ailleurs de Nor, 28,29-29,5, l'union de l'Intellect (Adamas) à l'Intelligible (Barbélo, Noréa). De même en Allog, 46,14-19, les élus s'identifient au Triple Mâle, comme Allogène lui-même, par la puissance de Youël, se reconnaît dans le Triple Mâle (56,15-20) et s'identifie à lui. Voir Zost, 11,10-24.

Mar ou à la hiérarchie des êtres de Zost[27]. Ils rejoignent d'abord la *Mésotès*, lieu de la *Métanoïa*[28]. Purifiés, ils prennent conscience d'eux-mêmes dans une sorte d'état mixte «meilleur que la nature matérielle mais plus humble qu'une essence noétique»[29], au niveau du sixième sceau, celui des entités autoengendrées et incorporelles[30]. Au septième, l'Autogène leur manifeste le salut par la gnose[31] et au huitième s'opère la conjonction de l'intellect mâle et de l'intelligible total[32]. S'identifiant à Barbélo (10e sceau), les élus font retour finalement à l'Un invisible Triple Puissance (11e et 12e sceaux)[33] et acquièrent le repos dans le Silence, au 13e et dernier degré de leur remontée[34]. Devenus parfaits, ils reçoivent la couronne[35] dans la joie totale d'avoir vu, selon Allog[36]. Après ce silence s'amorce, en sens inverse[37] des niveaux célestes traversés, le retour dans l'Engendré.

Cette expérience mystique, Zostrien l'a vécue et la résume ainsi: «Je fus associé à eux tous (les êtres hypostatiques divins) et je bénis l'Éon caché et la Vierge Barbélo et l'Esprit invisible. Je devins parfait entièrement et reçus puissance… et là je reçus la couronne»[38]. Tous ces concepts se retrouvent dans les 3StSeth pour décrire l'élection de Seth et celle des élus en union avec l'Autogène (118,20-23; 120,30-36).

L'expérience religieuse des parfaits que supposent les 3StSeth reprend symboliquement, mais en sens contraire, les voies suivies par l'Autogène. Dispersés dans l'Engendré, les élus gardent cachée en eux la parole du salut (122,14-18). La venue en eux du Sauveur les réveille, ils prennent conscience de leur nature de sauvés et sont constitués parfaits à titre individuel. Dépassant cet état, ils entrent en communion avec Barbélo: elle les réunit comme elle-même elle a été réunie. Illuminés par l'Esprit, ils voient en intellect Celui qui est le Préexistant premier, l'Inengendré, et se réjouissent de sa vision dans le silence. Cette ascension terminée,

[27] Cf. Mar, 1,12-4,23; Zost, 5,11-32; 129,16-130,1. Les traités Mar et Zost étant très lacuneux, nous suivons en partie la traduction que proposent J. H. SIEBER et B. A. PEARSON dans *The Nag Hammadi Library*, éd. J. M. ROBINSON.

[28] Cf. Mar, 3,15.

[29] Zost, 26,17-19.

[30] Cf. Mar, 4,1-2.

[31] *Ibid.*, 3,25-4,2.

[32] Cf. *ibid.*, 4,3-7.

[33] Cf. *ibid.*, 4,13-19.

[34] Cf. *ibid.*, 4,20-23.

[35] Cf. *Zost*, 129,12-16.

[36] Cf. Allog, 57,32-39; voir 3StSeth, 124,17-18; 127,23-24.

[37] Cf. Zost, 129,16-130,1.

[38] Zost, 129,8-16.

puisqu'ils sont exilés encore dans l'Engendré, ils doivent descendre de l'Un pour vivre désormais dans l'action de grâces cette eschatologie anticipée.

2. *Le système philosophique*

Le mythe qui sert de fond à cette liturgie reprend en fait le cadre traditionnel de l'ascension de l'âme. Il faut le dépasser et relier les 3StSeth aux courants de pensée platoniciens, d'autant plus que depuis l'*Épinomis* de Platon(?) et le *Protreptique* d'Aristote jusqu'à Jamblique, la seule voie d'accès à la sagesse religieuse authentique passait par la vie théorétique, la philosophie[39].

La remontée de l'âme dans les 3StSeth est fondée philosophiquement sur le schéma platonicien de la dialectique telle qu'elle est exposée, par exemple, dans le *Phèdre*, le *Théétète* et d'autres textes de Platon[40]. Le mouvement ascendant (ou συναγωγή) y est décrit comme la montée de l'âme qui, partant des êtres singuliers matériels, les regroupe en *espèces* ou *formes* (εἴδη) de plus en plus simples jusqu'à la forme suprême la plus simple, l'ἰδέα; tandis que, pour descendre, l'âme part de l'idée la plus simple et opère une analyse se résolvant en réalités de plus en plus complexes, jusqu'aux êtres individuels. Au fait, il s'agit d'une mise en scène liturgique de l'*Allégorie de la Caverne*.

À la suite des considérations de Platon sur l'Un, les Néoplatoniciens (Albinus, Apulée, Maxime de Tyr), nous ont appris à distinguer un *Dieu premier*, immobile, Père, Cause première, de qui dérive l'Intellect en acte qui cause, à son tour, l'*Âme*[41]. Le plus explicite des platoniciens sur ce thème de la triade divine, Numénius, distingue trois dieux: le *premier* est *stable*, *éternel* et *immuable*, concentré en lui-même, Père du *deuxième dieu*, le Démiurge. Ce dernier «s'occupe des intelligibles et des sensibles»; il est double, produisant «de lui-même sa propre Idée et l'Univers, comme démiurge, puis il s'adonne à la contemplation». Cet Univers est le

---

[39] Cf. A.-J. FESTUGIÈRE, *La Révélation d'Hermès Trismégiste*, II: *Le Dieu cosmique* (*EB*), Paris, 1949, p. 168-175. Jamblique disait que «rien ici-bas n'est divin et bienheureux, sauf ce qu'il y a en nous d'intelligence et de pensée et qui est seul digne de recherche... il faut donc philosopher...». Au début du IIe siècle de notre ère, cette tendance à la vie théorétique n'était plus liée aux écoles de pensée mais était devenue un bien commun à tout individu cultivé. Voir encore FESTUGIÈRE, *ibid.*, II, p. 341ss.

[40] Cf. *Phèdre*, 265D-266A; *Théétète*, 205D; *Sophiste*, 253D; *Politique*, 278B; *Philèbe*, 60D.

[41] Cf. A.-J. FESTUGIÈRE, *La Révélation d'Hermès Trismégiste*, IV: *Le Dieu inconnu et la Gnose* (*EB*), Paris, 1954, p. 95.

troisième dieu[42]. L'Âme universelle organise le monde, donne aux quatre éléments leur forme[43], étant la dernière des réalités intelligibles, intermédiaire entre le monde des Intelligibles et le monde sensible[44]. Cette doctrine numénienne inspira Plotin[45] : après le Bien, Unité pure qui transcende l'Être, il place l'Intellect et l'Intelligible, son objet immanent[46]. Ce qu'il résume ainsi : «Voici donc ce qu'il faut croire : il y a d'abord l'Un, qui est au-delà de l'Être..., puis, à sa suite, l'Être et l'Intelligence, et, au troisième rang, la nature de l'Âme. Comme ces trois réalités sont dans la nature des choses, il faut penser qu'elles sont aussi en nous»[47].

S'inscrivant dans cette tradition, les 3StSeth sont organisées selon un schéma philosophique de facture nettement platonicienne. L'Autogène symbolise le niveau extensif des êtres dans leur singularité matérielle, à qui il donne cohésion, les maintenant en un Tout (ⲡⲧⲏⲣ̄ϥ), l'Existant (ⲡⲏ ⲉⲧϣⲟⲟⲡ). Les existants multiples ne sont que des ombres de la réalité qu'est le Monde des Intelligibles. Là-bas, ils subsistent dans leur véritable nature (ⲛⲓ ⲟⲛⲧⲱⲥ ⲉⲧϣⲟⲟⲡ) soit comme perfections singulières (ⲛⲓ ⲕⲁⲧⲁ ⲟⲩⲁ), soit par mode de genre et d'espèces c'est-à-dire de perfections rassemblées (ϩⲓ ⲟⲩⲙⲁ). Dépassant cet état de perfection relative, ces *étants véritables* retournent à la matrice de l'intelligibilité universelle, la dyade une et multiple, Ζωή et Νοῦς, archétype de tous les existants et image suprême du Préexistant. Au sommet de cette échelle l'Un, Non-être au-delà de tout être. Le schéma suivant permet de saisir l'organisation philosophique qui sous-tend tout le traité (voir le tableau à la page 22).

Dans cette perspective, les êtres plérômatiques et terrestres apparaissent selon une hiérarchie descendante de l'Un au monde sensible. Seule importe la verticalité de leur apparition, tandis que l'horizontalité de leur diversité et de leurs rapports est négligée. Le mouvement de leur descente, donc de leur dérivation, s'opère en un temps mythique à la fois

---

[42] Il faut se rallier à l'opinion de H.-Ch. Puech qui ramène à une dualité l'apparente triade de Numénius : «le second et le troisième dieu n'en font qu'un, n'étant distingués que selon l'aspect transcendant ou immanent de l'action démiurgique», in «Numénius d'Apamée et les théologies orientales au second siècle», *Annuaire de l'Institut de philologie et d'histoire orientales. Mélanges Bidez*, II, Bruxelles, 1934, p. 756.

[43] *Enn.*, V 9,3 (28-30).

[44] *Ibid.*, V 1,7 (42-49).

[45] E. R. DODDS, «Numénius and Ammonius», p. 19.

[46] Cf. par ex. *Enn.*, V 4,2 (10-11).

[47] *Ibid.*, V 1,10 (1-4) ; voir II 9,1 (1-19) ; sur cette question des hypostases au nombre de trois, voir J. MOREAU, *Plotin ou la gloire de la philosophie antique* (*Bibliothèque d'Histoire de la Philosophie*), Paris, 1970, p. 108-111.

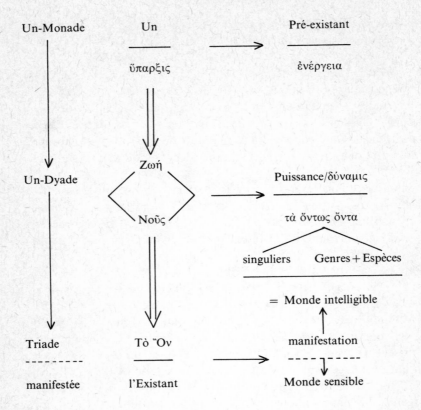

antérieur et coextensif au monde, de manière que l'apparition des êtres de l'Engendré se situe en prolongement du temps primordial et sur le même plan. Cependant, sous l'angle philosophique, il y a solution de continuité du monde d'en-haut au monde d'en-bas, malgré le mouvement atemporel qui les unit et constitue le fond de leur hiérarchie ontologique (cf. *Enn.*, VI,6).

Enfin, mythique ou philosophique, cette hiérarchie des êtres n'est pas statique mais dynamique : c'est l'Énergie en dérivation à partir de l'Un qui les suscite. On a là une application directe du principe platonicien de la production des êtres par participation[48].

Ainsi, dans les 3StSeth, l'ontologie propose une articulation de l'Être, mais c'est le mythe qui explique comment se réalise cette dérivation.

---

[48] Cf. *Timée*, 42 E ; *Enn.*, III 8,10 ; IV 8,6 ; V 4,1 ; VI 1,6 ; PROCLUS, *Éléments de Théologie*, prop. 25-27, p. 29-33 et notes, éd. DODDS.

3. *La rencontre du mythique et du philosophique: le salut par vision*

Le problème du salut est relié au double fond mythique et philosophique des 3StSeth. Mythiquement, il s'exprime en termes de théogonie et de cosmogonie: le salut prend origine dans la nécessité de sauver *ce qui a été abaissé* dans l'Engendré et qui doit être ramené à la pureté de l'Un. À l'intérieur de ce cadre se développe le thème philosophique du salut: la re-connaissance de soi par l'intellection de l'Un.

En effet, la perfection suprême a son modèle fondamental dans la description de l'Un esquissée par la troisième Stèle. Dans sa transcendance absolue, il est représenté comme le Préexistant, le Prééternel: seul à se connaître (125,3-4), il détient toute l'intellection (124,34). Se suffisant à soi-même, il existe en soi dans une sorte d'auto-antériorité (126,14-16), état spécial de perfection totale, antérieur à l'être et au penser (124,26-29). Aussi est-il appelé *Non-être*, non au sens de néant, mais en ce qu'il ne peut recevoir aucune détermination qui ferait de lui *quelque chose*. Pourtant, il est, dans son Unité transcendante, Triple Puissance c'est-à-dire, fondamentalement, l'acte absolu d'être soi et de se maintenir dans sa totale perfection, et aussi le principe de toute activité (125,5; 126,16-17). Cette description correspond à l'Un de Plotin qui n'est ni sujet ni objet d'intellection; cependant, comme le note J. Moreau, «la dialectique négative n'interdit pas le discours ontologique; elle en définit au contraire le cadre et en fonde la possibilité»[49]: l'Un pourra donc être défini comme énergie, principe de tous les êtres, capacité de les produire[50]. Il est donc infini (positif). Ce qui est proprement la manière de voir des 3StSeth qui le décrivent, d'une part, comme Père, Créateur et Dispensateur et, d'autre part, comme Existence, Vie et Intellect, d'une manière éminente.

Si tel est l'Un comme Perfection Suprême, toute autre perfection sera participation à la sienne, par réception de l'énergie qui la surélève à la transcendance absolue. Ainsi, dans les Stèles comme chez Plotin, le retour à l'Un s'effectue grâce à cette force de centration sur soi, par centration sur la Perfection fondamentale: la *Puissance*. Ainsi le don de la Puissance (122,19-34), d'une part, hiérarchise les êtres et, d'autre part, constitue leur énergie de remontée vers l'Un et d'identification à lui. En effet, et dans le plotinisme et dans les 3StSeth, la Puissance, c'est-à-dire l'Énergie, constitue l'hypostase même de l'Un[51].

---

[49] J. Moreau, *o.c.*, p. 78.
[50] Cf. *Enn.*, VI 7,32 (9-14); III 8,10 (1-2); V 3,16 (2-3); V 4,2 (36-37); VI 9,5 (36-37).
[51] Cf. *Enn.*, VI 8,20 (9-15); *ibid.*, 12 (22-30.35-37).

Dès lors, il en découle que l'activité ou l'acte essentiel de perfection résidera dans l'identification à l'Un, à son état de totale identité à soi, de stabilité et de transcendance. Or la seule voie d'identification est la vision: voir, en effet, c'est à la fois être et se sauver. C'est là le thème fondamental des 3StSeth qui célèbrent la connaissance par la vision:

> «Ordonne-nous de te voir pour être sauvés. Ta connaissance, c'est elle notre salut... Effectivement, nous avons été sauvés: nous t'avons vu en intellect» (125,11-14,16-17).

C'est autour de ce concept de *voir* que s'organisent les fonctions des hypostases et des êtres appelés au salut:

— l'Inengendré est invisible mais peut ordonner qu'on le voit; il donne sa lumière (fait voir) et sauve;
— Barbélo *a vu* le Non-être et les êtres éternels; νοῦς subsistant, elle donne la puissance qui habilite à la vision, elle enseigne aux élus ce qu'elle voit;
— l'Autogène est appelé Dieu-premier-dressé, car il est par nature *Manifestation* de l'Être;
— Adamas dressé *voit* la Lumière et rend manifeste les lumières, les existants vrais;
— Seth *illuminé* a été associé aux Puissances;
— Dosithée *a vu* les Stèles et les a transmises aux élus;
— Toute l'aspiration des élus est centrée sur la vision de l'Un.

En effet, pour l'élu, se sauver consiste à remonter à son origine. Délaissant les réalités sensibles de l'Engendré, il prend conscience, grâce à l'illumination de son intellect, de la vérité cachée qu'il porte en lui. Ayant ainsi opéré anticipativement sa σύλλεξις, il devient un *parfait à titre individuel*. Cet avant-goût lui donne le désir de *se réunir* (se conjoindre) aux Intelligibles de l'Univers intelligible (les existants vrais) où subsiste son archétype. Dépassant ainsi sa singularité (l'état de dispersion), il entre en communion totale avec l'Intellect subsistant qui est la *Perfection totale rassemblée* et s'identifie à lui. Parvenu à ce niveau d'illumination, il *voit* le Préexistant, l'Un absolu et s'assimile à lui dans la Béatitude infinie.

Mais avant que ne s'opère la remontée vers l'Un et le grand rassemblement des membres dispersés, comment s'entretenait la foi de l'élu en son salut? C'est là le caractère ambigu du salut gnostique entre le *déjà* et le *pas encore*. Individuellement il est déjà sauvé ayant pris conscience, durant son existence terrestre, de sa nature de sauvé; mais, n'étant pas encore réuni à son archétype et à l'Intellect subsistant, Barbélo, il prie pour le salut en rendant grâce et en bénissant (124,5-13). La certitude d'être sauvé ne supprime pas l'aspiration à la σύλλεξις finale. Cette prière s'accomplissait-elle en assemblée liturgique?

Cette question peut paraître curieuse; en effet, à quoi peuvent servir les cérémonies du culte, prières, sacrements, etc., quand on est sauvé *par nature*? Les hérésiologues, en effet, dans leurs notices ont présenté les gnostiques comme vivant en secte: sectes des Naassènes, des Pérates, des Séthiens, des Barbélognostiques, etc.; Épiphane qui a rencontré ces derniers en Égypte parle de leurs pratiques cultuelles auxquelles il refusa de se faire initier. H. Leisegang pense que la Gnose, étant plus qu'une doctrine mais une religion, dit d'abord culte: «l'organisation de la Communauté et la liturgie reflètent l'ascension graduelle de l'âme»[52]. A.-J. Festugière, également, croit à une vie sacramentelle des gnostiques, bien loin de l'admettre pour les sectes hermétistes[53].

Effectivement, nous trouvons dans les 3StSeth des indices laissant croire à l'existence d'une communauté liturgique qui se servait des trois hymnes comme prière. Il est dit, en effet, que ces textes devaient être récités par tous les participants, «individuellement et en commun»; ils garderaient le silence après une première récitation et recommenceraient en sens inverse, «selon la manière qui leur a été fixée» (127,14). Et toute cette liturgie semblait se terminer par une proclamation de renvoi adressée aux membres:

> «...Sachez donc, vous les vivants, que vous avez atteint la fin et avez, vous-mêmes, reçu en enseignement les Illimités. Émerveillez-vous de la vérité qui est en eux et dans cette révélation» (127,21-26).

En outre, en vertu de la *théorie du reflet* (le monde terrestre est un double ou une contrefaçon du monde céleste), à l'*Église d'en-haut* ne doit-il pas correspondre un reflet ici-bas? Et effectivement, la liturgie gnostique est représentation de l'assemblée céleste: l'*eulogie* demande la régénération et, en même temps, remercie de l'avoir déjà reçue. Voilà pourquoi «celui qui en fera mémoire et rendra gloire en tout temps»

---

[52] H. LEISEGANG, *La Gnose*, Paris, 1951, p. 26.

[53] A.-J. FESTUGIÈRE, *La Révélation...*, I: *L'astrologie et les sciences occultes*, p. 82-87. Pourtant il est à remarquer que le problème de la constitution d'un corps de doctrine systématisé ou non en séthianisme ne doit pas être confondu avec celui de l'existence possible de communautés utilisant ces textes dans des assemblées liturgiques. De la même manière peut-être que le classicisme français ne fut pas un mouvement concerté mais un *esprit du temps* à la faveur duquel des admirateurs trouvaient plaisir à se réunir dans les Salons (XVIIe s.). La systématisation qui a suivi n'a eu d'autre but qu'épistémologique: rendre possible une classification des textes littéraires selon certains critères.

deviendra «parfait parmi les parfaits» (127,6-9). Toute la 3ᵉ Stèle consacrée à la célébration du Père Invisible oscille entre la certitude du salut réalisé et la conviction du salut définitif à venir.

Il y a donc de sérieux indices dans les 3StSeth permettant de croire à l'existence d'une communauté célébrant liturgiquement le salut par la vision.

4. *Les 3StSeth et Plotin*

Nous savons que, dans la *Vie de Plotin*, Porphyre signale dans le voisinage de Plotin la présence de «chrétiens et d'autres, partis de la philosophie ancienne», qui avaient en leur possession «les apocalypses de Zoroastre, de Zostrien, de Nicothée, d'Allogène, de Messos et d'autres semblables»[54]. Plotin traite ces gnostiques d'amis ou les range parmi ses amis[55], ce qui paraît indiquer, note H.-Ch. Puech, qu'il les considérait comme proches de lui selon la doctrine[56]. Par une heureuse coïncidence, quelques-uns des ouvrages signalés ont été retrouvés à Nag Hammadi. Peut-on dès lors établir des relations doctrinales entre Plotin et les gnostiques?

James M. Robinson a essayé de relever les rapprochements les plus directs entre les 3StSeth et deux des écrits signalés par Porphyre, Allog et Zost, au niveau de la conception de la divinité triadique, de l'ascension de l'âme et aussi du vocabulaire utilisé. Il croit avoir découvert, par exemple, sinon une interdépendance entre ces textes, du moins la référence à une source commune[57]. Mais sur la nature de la relation entre ces apocalypses et Plotin, il ne dit mot.

Et pourtant, selon H.-Ch. Puech, cette parenté existe entre Plotin et les gnostiques[58]: il les considérait comme appartenant au même groupe que lui, à la communauté des sectateurs des «mystères de Platon». L'hostilité

---

[54] PORPHYRE, *Vie de Plotin*, § 16.

[55] Cf. *Enn.*, II 9,10(3-5). Plotin voit avec honte (αἰδώς) certains de ses amis, déjà gnostiques avant de les avoir connus, persévérer dans leur conviction et même chercher à l'étayer sur des «preuves solides».

[56] Cf. H.-Ch. PUECH, «Plotin et les gnostiques» in *Les sources de Plotin* (*Entretiens sur l'Antiquité classique*, V), p. 182. L'auteur eut à faire ces remarques sur le cercle plotinien durant la discussion qui suivit son exposé. Le mot *amis* (φιλοί), «si l'on explique le terme d'après l'usage qu'en faisaient les Pythagoriciens, paraît indiquer qu'il (Plotin) les considère comme appartenant au même groupe que lui et ses disciples, à la communauté des sectateurs des "mystères de Platon". Il les inclut, en les désignant ainsi, dans le cercle, la confrérie quasi religieuse des Platoniciens».

[57] Cf. J. M. ROBINSON, «The three Steles of Seth and the Gnostics of Plotinus» in *Proceedings of the International Colloquium on Gnosticism*, Stockholm, 1977, p. 138.

[58] Voir note 56.

de Plotin à leur égard ne s'est manifestée que tardivement, quoiqu'avant toute rupture il avait lui-même professé «des théories qui, par leur dualisme accentué, pouvaient fort bien ressembler à celles des gnostiques et leur être plus ou moins assimilées: conception du corps comme mauvais et de la mort comme libératrice; condamnation du corps, des choses matérielles, un certain pessimisme...»[59]. Plotin n'a peut-être jamais été gnostique, mais on ne peut oublier qu'il fut disciple de Numénius qui, lui, le fut certainement[60].

Ainsi, si l'on compare la doctrine de Plotin à celle des 3StSeth, la proximité de pensée est troublante au point que des thèses réputées typiquement plotiniennes se retrouvent dans les Stèles[61].

D'un point de vue d'ensemble, les 3StSeth et les *Ennéades* combinent dans leur textualité deux dimensions essentielles, l'une spirituelle, l'autre ontologique. L'une sert de support à l'autre: la réflexion ontologique apparaît, d'un côté, comme une base intellectuelle servant à fonder l'itinéraire de l'âme remontant à son principe; de l'autre côté, l'expérience mystique sert de dramatique à une recherche dialectique sur le fondement de toute connaissance (gnose). Que l'intellect dépasse l'univers sensible pour rechercher les vérités éternelles du monde intelligible et par elles s'identifier à son objet transcendantal, l'Un, ou qu'il se libère des sens pour rentrer en lui-même et découvrir *sa* vérité devenant ainsi la forme pure qu'il contemple, ces deux démarches, en fait la même, tendent à mettre en lumière l'absolue Transcendance de l'Un, fondement et origine de tout. Toute réalité, ainsi, n'a d'être que par sa plus ou moins grande approximation de l'Un et se résorbe ultimement en son fondement qui est au-delà de toute pensée et de tout être, dans le Non-être de l'Esprit absolu. Tout vient de Lui et doit retourner à Lui.

Relevons maintenant dans le détail quelques-unes des thèses qui apparentent les 3StSeth et les *Ennéades*.

a) Le dualisme du monde sensible et du monde intelligible n'est pas aussi radical qu'il l'est dans le gnosticisme classique; on est témoin ici d'une conception plus moniste de la réalité[62]. Dans les 3StSeth, le monde d'en-bas est ouvert au Sauveur, il le connaît et ne lui est pas étranger puisque la puissance divine se manifeste là aussi. Cette thèse se retrouve

[59] H.-Ch. PUECH, *o.c.*, p. 184.
[60] Cf. E. R. DODDS, *o.c.*, p. 35-39.
[61] L'hypothèse d'une dépendance de Plotin par rapport aux 3StSeth semble difficile à établir. On peut tout juste supposer leur appartenance à un même courant de pensée alexandrin.
[62] Cf. H.-Ch. PUECH, *o.c.*, p. 184.

chez Plotin[63], et J. Moreau dira : «Chez Plotin, la matière ne s'oppose pas à l'esprit comme une hypostase indépendante, une réalité coéternelle à Dieu. Non seulement pour lui, comme pour Platon, la matière se réduit à la privation, à l'indétermination, au non-être, mais le recours à la procession rend inutile l'hypothèse d'un substrat indépendant du Premier principe et destiné à recevoir les déterminations ; ce qui est avide de détermination, ce n'est pas une entité opposée radicalement à lui, c'est l'indigence d'une hypostase dérivée de lui...»[64]. Faut-il voir dans cette atténuation du dualisme une influence du milieu ou un tournant de la pensée gnostique ?

b) La thèse plotinienne de l'intégration totale de l'intellect et de l'intelligible est au cœur de la deuxième Stèle : Barbélo est à la fois Vie et Pensée. Chez Plotin le monde des Idées de Platon est désormais intégré à l'Intellect et n'est plus un monde séparé[65]. En conséquence, la dyade des 3StSeth paraît comme la jumelle de la dyade plotinienne[66].

c) Prenant prétexte de décrire les *Trois Hypostases*, Plotin engage, en fait, un discours sur la nécessité pour notre âme de se souvenir de ses origines divines et de remonter jusqu'à l'Un. Tout le début de l'*Ennéade* V est nettement gnostique, même dans le lexique : «D'où vient que les âmes ont *oublié* Dieu leur Père, et que, *fragments venus* de lui et complètement à lui, elles *s'ignorent* elles-mêmes et *l'ignorent* ? Le principe du mal pour elles, c'est *l'audace*, la *génération*, la *différence première* et la *volonté d'être à elles-mêmes*. Joyeuses de leur indépendance, elles usent de la spontanéité de leur mouvement pour *courir à l'opposé de Dieu* : arrivées au *point le plus éloigné*, elles *ignorent* même qu'elles *viennent de lui* : ...Ne

---

[63] Cf. *Enn.*, II 1,2 ; 3,9 ; 9,8 ; V 8,12 ; VI 6,22.

[64] J. MOREAU, *Plotin*, p. 204-205.

[65] Voir entre autres textes *Enn.*, V 1,4(21-33). Comme le note J. Moreau : «La doctrine de Plotin, c'est que les intelligibles, s'ils sont distincts du sensible et s'ils *sont* indépendamment de notre connaissance, ne peuvent *être* autrement que dans un intellect transcendant (ὅτι οὐκ ἔξω τοῦ νοῦ τὰ νοητά)», *o.c.*, p. 55 ; voir tout le ch. 5 consacré à l'étude du problème. D'après A. H. Armstrong, ce qui a entraîné Plotin à professer une telle doctrine «was his study of the Peripatetic doctrine of the identity of divine intellect and its object in the light of Albinus, identification of the Peripatetic divine νοητόν with the νοητά of the "thought of God" interpretation of Platonism, the forms of Ideas», «The background of the doctrine 'That the Intelligibles are not outside the Intellect' » in *Les sources de Plotin*, (*Entretiens sur l'Antiquité classique*, V), p. 411.

[66] La raison fondamentale de cette immanence est bien expliquée par P. HADOT : «...puisque l'intelligence n'est pas purement ce qu'elle est, puisqu'elle n'est pas pure identité, pure coïncidence avec soi, la pensée devient le moyen par lequel l'intelligence se procure l'identité avec soi, par lequel elle triomphe de l'opacité qui résulte de l'altérité. Connaître n'est qu'une forme inférieure d'être soi», Cf. P. HADOT, *Porphyre et Victorinus*, I, Paris, 1968, p. 319.

le *voyant* plus et ne se voyant plus elles-mêmes, elles se *méprisent* parce qu'elles ignorent leur *race*»[67]. Il ne faut donc pas exagérer l'antignosticisme de Plotin, d'autant plus que, tout en dénonçant les points de désaccord avec les gnostiques[68], il n'avait pas renoncé à certaines de leurs thèses que nous avons retrouvées dans les 3StSeth.

d) La doctrine de la génération ou de l'automanifestation *par reflet*, attestée en diverses traditions surtout gnostiques, est très plotinienne. Elle s'exprime comme un principe fondamental formulé ainsi: *toute réalité (hormis l'Un absolu) est reflet d'une autre (une essence) d'où elle dérive comme effet extrinsèque*[69]. C'est de là que découle la thèse distinguant l'acte de l'essence de l'acte dérivé: «...l'acte de l'essence n'est autre que la chose elle-même en acte; l'acte dérivé, c'est l'acte qui en suit nécessairement mais qui est différent de la chose elle-même»[70]. Cette doctrine se retrouve telle quelle dans les 3StSeth: l'Intelligible-Intellect (être-penser) est reflet de l'Un, l'Autogène dérive de la deuxième hypostase, les âmes particulières sont des reflets du reflet premier, le monde est manifestation d'Adamas.

e) Dans les 3StSeth, les *parfaits à titre individuel* (121,3-4; 124,7-8,24-25) ont pour archétypes célestes les *parfaits rassemblés* (124,23-24) qui correspondent à des êtres éternels, c'est-à-dire des intelligibles en acte. Or, Plotin, au grand scandale de l'époque, tournant le dos à Platon et à Aristote, enseignait que, pour chaque individu, il existait une idée éternelle puisque le retour à l'intelligible est nécessaire[71]. Cependant l'état de «parfaits à titre individuel» des 3StSeth est lié à la prise de

[67] C'est nous qui soulignons tous les termes nettement gnostiques de ce passage de *Enn.*, V 1,1.

[68] Plotin lui-même signale ces points de désaccord en *Enn.*, II 9, par exemple: aucun principe supérieur au Bien, en dehors du Bien, de l'Intellect et de l'Âme; aucune autre hypostase, pas de démiurge méchant ni de monde mauvais; pas de création par inclinaison de l'âme vers la matière, etc.

[69] Cf. par exemple *Enn.*, II 3,18(16); III 6,17(12); IV 8,6(7-9); IV 9,4(15ss); V 2,1(20); VI 2,22(32); 4,9(37).

[70] *Enn.*, V 4,2(28ss); voir aussi IV 5,7(44-51); V 1,6(27-30); 4,2(34-39); VI 2,22(25-28). Dans ces textes, Plotin montre que, l'Un absolu étant immobile, c'est par automanifestation ou par mode de reflet que dérivent l'un de l'autre, l'Être et l'Intellect, l'Âme universelle; et finalement le monde sera décrit comme «εἰκὼν ἀεὶ εἰκονιζόμενος» en *Enn.*, II 3,18(17). Pour l'ensemble de cette théorie voir P. HADOT, *Porphyre et Victorinus*, I, p. 335-336.

[71] Cf. *Enn.*, V 7 qui est entièrement consacré à ce thème: « *Y-a-t-il des idées des choses particulières?*». La réponse positive qu'il donne à cette question a son fondement dans la *dialectique*: «Puisque moi, ainsi que chaque individu, je m'élève à l'intelligible, c'est que mon principe, comme celui de chacun, est là-bas», (*ibid.*, 1-3). Voir la comparaison avec Platon et Aristote que fait Bréhier dans la *Notice* à cette question, *Ennéades*, t. V, p. 119-122.

conscience par les élus de leur origine plérômatique et fait partie du mythe gnostique. Il y aurait donc ici un simple emprunt du vocabulaire plotinien.

f) La définition de l'être par sa genèse et sa structure triadique remonte fondamentalement à Platon qui, dans le *Sophiste* (248e), définissait l'être par la vie et la pensée. C'est en faisant l'exégèse de ce passage que Plotin en vint à une application particulière et qui lui est propre, en définissant la seconde hypostase, l'Intellect, par cet aspect triadique[72]. Car pour lui la Vie par excellence s'identifie à l'intellection[73]. De là provient le *principe de récapitulation* déjà dessiné chez Anaxagore[74] et développé par Marius Victorinus: *en voie ascendante, les degrés inférieurs de l'être ou de l'intellect anticipent les degrés supérieurs; et, inversement, les degrés supérieurs récapitulent les degrés inférieurs.* Ce principe est clairement expliqué dans l'*Adversus Arium* de M. Victorinus: «Ces puissances (existence, vie, intelligence) prises chacune à part doivent être considérées comme étant les trois à la fois, mais de telle sorte pourtant qu'on leur donne leur nom et qu'on définisse leur être propre par l'aspect où elles prédominent. En effet, aucun de ces trois qui ne soit les trois»[75].

Dans les 3StSeth, ce même principe est appliqué, chacune des hypostases récapitule à son niveau les deux autres:

> L'Inengendré   est *Existence* — Vie — Intellect
> Barbélo-dyade est Existence — *Vie* — *Intellect*
> L'Autogène   est *Existence* — *Vie* — *Intellect*, en tant que manifestés,

c'est-à-dire: chacune est les trois mais avec prédominance de l'aspect qui lui est propre.

Malgré tout, il faut reconnaître des divergences fondamentales entre Plotin et les 3StSeth. Par exemple, il n'y a pas de salut dans le plotinisme, car le Transcendant ne peut aller vers l'humanité[76] pour le racheter; de

---

[72] Les références ne font pas défaut dans les *Ennéades*: III 6,6(10-32); IV 7,9(1); 10(1); V 5,1(32-38); V 9,3(1); VI 9,2(24), etc. P. Hadot a consacré une étude à ce thème: «Être, Vie, Pensée chez Plotin et avant Plotin», in *Les Sources de Plotin* (*Entretiens*, V), p. 107-141. En fait, Plotin n'a pas inventé la *triade*; héritier d'une tradition qui a ses racines chez Platon, Aristote et les Stoïciens, il «l'a assimilée d'une manière particulièrement originale et proprement unique, en conservant plus que tout autre philosophe antique le souci de la transcendance divine et de la liberté de la vie spirituelle», P. HADOT, *o.c.*, p. 141.

[73] Cf. *Enn.*, II 5,3(36ss); V 3,5(33-37); VI 9,9(17).

[74] La référence à Anaxagore se trouve chez ARISTOTE, *Physique*, I,4,187b,1ss.

[75] *Adversus Arium*, IV 5(1116d,40-44), in *Traités théologiques sur la Trinité*, I, p. 514 (Hadot). Voir également, P. HADOT, «Être, Vie, Pensée chez Plotin», in *Les Sources de Plotin*, p. 126-132 où le problème est discuté.

[76] Voir à ce sujet *Enn.*, VI 9 qu'il faudrait citer en entier.

plus, l'Âme universelle ne peut s'identifier totalement à l'Autogène qui est sauveur et remplit une vraie fonction démiurgique. Par ailleurs, Plotin n'utilise jamais le concept de *préexistant* parce qu'il ne conçoit nullement la préexistence d'une entité quelconque au sein de l'Un[77]. Finalement, tous les points de ressemblance signalés ne se situent pas nécessairement au plan de la doctrine formellement gnostique mais concernent aussi des thèmes philosophiques diffusés depuis Platon et ses épigones.

Sur la base de cette comparaison des systèmes, on peut envisager l'existence sinon d'une source commune aux *Ennéades* et aux 3StSeth, du moins d'une appartenance à un courant de pensée tributaire du Stoïcisme et du Platonisme. D'autant plus qu'en ce temps-là l'expérience religieuse et la spéculation philosophique se complétaient encore mutuellement.

IV. DATE ET PROVENANCE DES 3StSeth

D'après M. Tardieu, «la rédaction ou la compilation des Trois Stèles de Seth peuvent remonter à la fin du IIe siècle, ou au tout début du IIIe, peut-être aux environs d'Asyût, c'est-à-dire dans la région et à l'époque où naissait Plotin»[78]. Il s'agit bien de la date de composition qui n'est pas à confondre avec celle où le Codex fut copié et relié. Pour cette dernière datation, se basant sur un article de R. Kasser[79] qui commentait la découverte faite par John Barns de deux quittances pour livraison de blé datées respectivement de 339 et 342 ap. J.C., Tardieu, avec beaucoup de vraisemblance, fait remonter autour de 345 la copie et la reliure du Codex VII auquel appartient le présent traité. Mais, concernant la date de composition, peut-on garder comme la meilleure probabilité la fin du IIe ou la première moitié du IIIe siècle?

L'hypothèse de M. Tardieu peut reposer sur certains faits méritant attention. Nous avons montré la parenté de pensée entre Plotin et les 3StSeth. Plotin, né vers 205, commença à vingt-huit ans à s'adonner à l'étude de la philosophie, mais fut vite déçu, dit Porphyre, des célébrités qui enseignaient alors à Alexandrie[80]. Or, le milieu alexandrin d'alors correspondait à la description que nous a laissée Clément d'Alexandrie (mort vers 215). Seconde ville de l'Empire après Rome, Alexandrie était

---

[77] Cf. P. HADOT, *Porphyre et Victorinus*, I, p. 305.

[78] Cf. M. TARDIEU, «Les trois Stèles de Seth...», *RSPT* 57 (1973) 545-575.

[79] Cf. R. KASSER, «Fragments du livre biblique de la Génèse cachés dans la reliure d'un Codex gnostique», in *Le Muséon* 85 (1972) 65-89. Étant donné que ces quittances n'étaient d'ordinaire conservées que de un à trois ans, on peut en ajustant la date la plus récente arriver à 345 au plus tard.

[80] Cf. *Vie de Plotin*, § 3,7-9.

dominée par les différentes formes de gnosticisme (ou de gnose) et aussi par les milieux hermétistes[81]. Peut-être faudrait-il chercher dans le milieu alexandrin cette source commune au plotinisme et aux 3StSeth, si nous identifions les célébrités décevantes dont parle Porphyre aux maîtres gnostiques d'alors; à ce compte, on peut dater de la fin du IIe et du début du IIIe siècle la rédaction ou la compilation des 3StSeth.

Une autre hypothèse est possible. Plotin étudia durant onze ans avec Ammonius Saccas, «l'homme qu'il cherchait»[82]. Ce dernier qui n'a rien écrit que l'on connaisse semble avoir professé une doctrine apparentée à celle de Numénius, sans qu'il y ait possibilité, en dehors des témoignages, d'établir l'apport d'Ammonius. Mais Plotin, «conservait, ignorés de tous, les dogmes qu'il avait reçus d'Ammonius...et faisait des leçons d'après l'enseignement du maître»[83]. On pourrait alors situer, dans le cadre des cours d'Ammonius ou de Plotin, la source qui apparente les 3StSeth au plotinisme. Dans ce cas, on pourrait dater leur rédaction entre 235 (rencontre d'Ammonius et de Plotin) et 245, date approximative à laquelle Plotin quitte Alexandrie.

Reste une dernière hypothèse. Plotin arrive à Rome vers 245. Les échanges commerciaux entre Alexandrie et la capitale de l'Empire permettaient également la circulation des idées et des penseurs qui les véhiculaient. Plotin commença à écrire des traités «qui n'étaient confiés qu'à un petit nombre de personnes... et l'on choisissait soigneusement ceux qui les recevaient». Autour de lui se regroupaient tout un cercle d'auditeurs, entre lesquels ceux qu'il appelait lui-même les «gnostiques amis» et d'autres «sectaires partis de la philosophie ancienne»[84]. L'auteur des 3StSeth peut alors avoir été l'un de ces tenants de la gnose, qui aurait essayé une rationalisation du mythe à partir de l'enseignement de Plotin; il faudrait, en ce cas, situer la composition des Stèles entre 245 (arrivée à Rome) et 270 (mort de Plotin), sans que cette dernière date soit considérée comme limite.

Ainsi donc l'écart maximum se situe entre la fin du IIe siècle et 270 (la mort de Plotin); l'écart minimum variera entre 235 et 270. On peut alors raisonnablement loger la composition en grec des 3StSeth au cours de la

---

[81] *Strom.*, II 7,32(4-33); IV 4,18(1); VI 1,1(1-4). Voir Cl. MONDÉSERT, *Clément d'Alexandrie*, Paris, 1944, p. 27-45 et A.-J. FESTUGIÈRE, *La Révélation...* I: *L'Astrologie et les Sciences occultes*, p. 24-43.

[82] *Vie de Plotin*, § 3,13.

[83] *Ibid.*, 3,28-34. N'oublions pas que Plotin avait été accusé de plagier Numénius, *ibid.*, § 18.

[84] *Ibid.*, § 4,13-16.

première moitiée du IIIe siècle. On peut de même présumer qu'au début du IVe siècle, le texte circulait déjà, puisque Épiphane qui a fréquenté dans sa jeunesse les cercles gnostiques d'Égypte, présentant la secte des Archontiques, écrit qu'ils se plaçaient sous l'autorité de Seth: «ils ont composé des ouvrages, écrits sous le nom de Seth, alléguant qu'il (Seth) les leur aurait donnés...comme d'autres provenant de Martiade et Marsanès»[85].

D'une manière ou d'une autre, c'est dans les milieux alexandrins qu'il faut fixer l'origine des 3StSeth.

[85] *Panarion*, XL, 7,5.

TEXTE
ET
TRADUCTION*

* *Note préliminaire*
Le texte copte respecte l'exacte disposition du papyrus, sauf en ce qui concerne la séparation des mots.

En dépendance de la collation du texte faite au Caire par M. le prof. Michel Roberge, en décembre 1976, nous décrivons l'état réel de certaines lettres pointées, pour qui la lecture de l'original apporte plus de précision que le fac-similé.

Le signe ⁰ accompagnant un terme dans la traduction française indique que celui-ci est en grec dans le texte copte.

Abréviations de l'apparat critique
Nous ne décrivons que les lettres détériorées dont la lecture est matériellement incertaine, à l'aide des abréviations suivantes :

cod   : codex
d   : droit(e)
extr   : extrémité
fs   : fac-similé
g   : gauche
hor   : horizontal(e)
inf   : inférieur(e)
méd   : médian(e)
obl   : oblique
pap   : papyrus
part   : partie
pt(s)   : point(s)
tr. voc. : trait vocalique
sup   : supérieur(e)
vert   : verticale

[   ] : lettre restituée
⟨   ⟩ : lettre ajoutée ou corrigée
(   ) : ajout pour rendre la traduction plus claire.

10 ΠΟΥⲰⲚⳤ ΕΒΟⲖ ‾ⲚⲦΕ ⲆⲰⲤΙΘΕ
ΟⲤ ‾ⲚⲦΕ ⲦϢΟⲘⲦΕ ‾ⲚⲤⲦΗⲖΗ
‾ⲚⲦΕ ‾ⲤΗΘ· ΠΙⲰⲦ ‾ⲚⲦΕ ⲦⲄΕⲚΕⲀ
ΕⲦΟⲚⳤ ⲀΥⲰ ‾ⲚⲀⲦⲔΙⲘ ⲚⲀϊ ‾Ⲛ
ⲦⲀϤⲚⲀΥ ΕⲢΟΟΥ ⲀΥⲰ ⲀϤⲤΟΥ

15 ⲚΟΥ· ⲀΥⲰ ΕⲦⲀϤΟϢΟΥ ⲀϤ‾Ⲣ
ΠΕΥⲘΕΕΥΕ· ⲀΥⲰ ⲀϤⲦⲀⲀΥ
‾ⲚⲚΙⲤⲰⲦⲠ ΕΥϢΟΟⲠ ‾ⲘΠΙⲢΗ
ⲦΕ· ⲔⲀⲦⲀ ΘΕ ΕⲦΕ ⲚΕΥⲤⳤΗ
ΟΥⲦ ‾ⲘⲠΙⲘⲀ ΕⲦⲘⲘⲀΥ· ΟΥ

20 ⲘΗΗϢΕ ‾ⲚⲤΟⲠ ⲀΕΙ‾Ⲣ ϢΒΗⲢ ‾Ⲛ
ⲦΕΟΟΥ ⲘⲚ ⲚΙⲂΟⲘ· ⲀΥⲰ Ⲁϊ‾Ⲣ
‾ⲘⲠϢⲀ ΕΒΟⲖ ⳤΙⲦΟΟⲦΟΥ ‾ⲚⲚΙ
‾ⲘⲚⲦⲚΟⲂ ‾ⲚⲀⲦⲦϢΙ ΕⲢΟΟΥ··
ΕΥϢΟΟⲠ ⲆΕ ‾ⲚⲦⳤΕ· ⲦϢΟ

25 ‾ⲢⲠ ‾ⲚⲤⲦΗⲖΗ ‾ⲚⲦΕ ‾ⲤΗΘ· ⲦⲤⲘΟΥ
ΕⲢΟⲔ ΠΙⲰⲦ ΠΙⲄΕⲢⲀⲆⲀⲘⲀ· Ⲁ
ⲚΟⲔ ⳤⲀ ΠΕⲦΕ ΠⲰⲔ ‾ⲚϢΗⲢΕ·
ΕⲘⲘⲀⳆⲀ ‾ⲤΗΘ· ΠⲀϊ ‾ⲚⲦⲀⲔϪⲠΟϤ
ⳤⲚ ΟΥⲘⲚ‾ⲦⲀⲦⲘΙⳆⲈ ΕΥⲤⲘΟΥ

30 ‾ⲚⲦΕ ΠΕⲚⲚΟΥⲦΕ ϪΕ ⲀⲚΟⲔ
ΠΕⲦΕ ΠⲰⲔ ‾ⲚϢΗⲢΕ· ⲀΥⲰ ‾Ⲛ

1 ⲦΟⲔ ΠΕ ΠⲀⲚⲞⲨⲤ ΠⲀϊⲰⲦ· ⲀΥⲰ
ⲀⲚΟⲔ ⲘⲈⲚ ⲀΕΙϪΟ ⲀΥⲰ ⲀΕΙϪⲠΟ
‾ⲚⲦΟⲔ Ⲇ[Ε] ⲀⲔ[Ⲛ]Ⲁ̣Υ ΕⲚΙⲘⲚⲦⲚΟⲂ
ⲀⲔⳆΕⲢⲀⲦⲔ [Ε]ⲔⲈ ‾ⲚⲀⲦⲰϪ‾Ⲛ· ⳨
5 ⲤⲘΟΥ ΕⲢΟⲔ [Π‾ϊ]ⲰⲦ· ⲤⲘΟΥ ΕⲢΟϊ

---

29 ⲉ extr courbe sup beaucoup plus visible sur le pap que sur le fs
2 ⲀⲨⲰ : ⲱ tr méd et courbe d, trace courbe g, invisible sur fs

P. 118

10   La Révélation par Dosithée
     des Trois Stèles°
     de Seth, Père de la race°
     vivante et inébranlable. Ces (Stèles)
     qu'il a vues, il en a pris
15   connaissance; et les ayant lues,
     il en a gardé mémoire et les a transmises
     aux élus, sous la forme que voici,
     comme° elles étaient écrites
     dans ce lieu-là.
20   Bien souvent, j'ai été associé
     aux Puissances pour rendre gloire, et j'ai été,
     par elles, reconnu digne des
     Grandeurs incommensurables.
     Or°, c'est ainsi qu'elles se présentent.
25   Première Stèle° de Seth — Je
     te bénis, Père Ger-Adama,
     moi qui suis ton propre fils,
     Emmacha Seth, (celui) que tu as engendré
     sans le mettre au monde, pour la louange
30   de notre Dieu; car je suis
     ton propre fils et

P. 119

1   Tu es mon Intellect°, mon Père. Et
     quant° à moi, j'ai ensemencé et j'ai engendré,
     mais° toi, tu as vu les Grandeurs:
     tu es dressé, impérissable.
5   Je te bénis, Père; bénis-moi,

ΠΙⲰⲦ· ⲈΪϢ[Ο]ΟⲠ ⲈⲦⲂⲎⲎⲦⲔ·

ⲈⲔϢΟΟⲠ Ⲉ[Ⲧ]ⲂⲈ ⲠⲚΟⲨⲦⲈ· Ⲉ

ⲦⲂⲎⲎⲦⲔ ⲦϢΟΟⲠ ⳩ⲀⲦΟΟⲦϤ Ⲙ

ⲠⲎ ⲈⲦⲘⲘⲀⲨ· ⲚⲦⲔ ΟⲨΟⲈΙⲚ

10 ⲈⲔⲚⲀⲨ ⲈⲨΟⲨΟⲈΙⲚ· ⲀⲔΟⲨⲰ

Ⲛ⳩ ⲚⲚΟⲨΟⲈΙⲚ ⲈⲂΟⲖ· ⲚⲦⲔ ΟⲨ

ⲘΙⲢⲰⲐⲈⲀⲤ· ⲚⲦΟⲔ ⲠⲈ ⲠⲀⲘΙⲢⲰ

ⲐⲈΟⲤ· ⲦⲤⲘΟⲨ ⲈⲢΟⲔ ⲚⲐⲈ Ⲛ

ΟⲨⲚΟⲨⲦⲈ· ⲦⲤⲘΟⲨ ⲈⲦⲈⲔ

15 ⲘⲚⲦⲚΟⲨⲦⲈ· ΟⲨⲚΟϬ ⲠⲈ ⲠΙⲀ

ⲄⲀⲐΟⲤ ⲚⲀⲨⲦΟⲄⲈⲚⲎⲤ ⲈⲦⲀϤ

⳩ⲈⲢⲀⲦϤ ⲠⲚΟⲨⲦⲈ ⲈⲦⲀϤⲢ ϢΟⲢⲠ

ⲚⲀ⳩ⲈⲢⲀⲦϤ· ⲀⲔⲈⲒ ⳩Ⲛ ΟⲨⲀⲄⲀⲐΟⲚ

ⲀⲔΟⲨⲰⲚ⳩ ⲈⲂΟⲖ· ⲀⲨⲰ ⲀⲔΟⲨⲰ

20 Ⲛ⳩ ⲚⲚΟⲨⲀⲄⲀⲐΟⲚ ⲈⲂΟⲖ· ⲦⲚⲀⲬⲰ

ⲘⲠⲈⲔⲢⲀⲚ ⲬⲈ ⲚⲦⲔ ΟⲨϢΟⲢⲠ

ⲚⲢⲀⲚ· ⲚⲦⲔ ΟⲨⲀⲦⲘΙⲤⲈ ⲚⲦΟⲔ

ⲀⲔΟⲨⲰⲚ⳩ ⲈⲂΟⲖ ⳩ΙⲚⲀ ⲚⲦⲈⲔ

ΟⲨⲰⲚ⳩ ⲈⲂΟⲖ ⲚⲚΙϢⲀ ⲈⲚⲈ⳩·

25 ⲚⲦΟⲔ ⲠⲈ ⲠⲎ ⲈⲦϢΟΟⲠ· ⲈⲦⲂⲈ

ⲠⲀΪ ⲀⲔΟⲨⲰⲚ⳩ ⲈⲂΟⲖ ⲚⲚΙΟⲚⲦⲰⲤ

ⲈⲦϢΟΟⲠ· ⲚⲦΟⲔ ⲠⲈⲦΟⲨϢⲀ

ⲬⲈ ⲘⲘΟϤ ⲈⲂΟⲖ ⳩ΙⲦⲚ ΟⲨⲤⲘⲎ

ⲈⲂΟⲖ ⲆⲈ ⳩ΙⲦⲚ ΟⲨⲚΟⲨⲤ ⲤⲈⲦ

30 ⲈΟΟⲨ ⲚⲀⲔ· ⲚⲦΟⲔ ⲈⲦⲈ ΟⲨⲚ

ϬΟⲘ ⲘⲘ[Ο]Ⲕ ⳩Ⲙ ⲘⲀ ⲚΙⲘ· Ⲉ

ⲦⲂⲈ ⲠⲀΪ [Ⲡ]ⲔⲈⲈⲤⲐⲎⲦΟⲤ ⲚⲔΟⲤ

ⲘΟⲤ ϤⲤΟ̣ΟⲨⲚ ⲘⲘΟⲔ ⲈⲦⲂⲎ

ⲎⲦⲔ ⲘⲚ ⲦⲈⲔⲤⲠΟⲢⲀ· ⲚⲦⲔ ΟⲨⲚⲀ̣

ⲢⲔ

1 ⲀⲨⲰ ⲚⲦⲔ ΟⲨⲈⲂΟⲖ ⳩Ⲛ ⲔⲈⲄⲈⲚΟⲤ

ⲀⲨⲰ ϤⲔⲎ Ⲉ⳩ⲢⲀΪ [Ⲉ]ⲬⲚ ⲔⲈⲄⲈⲚΟⲤ·

14 après ⲈⲦⲈⲔ, une tache plutôt qu'un pt
1 ọ courbe sup bien visible sur pap

Père; c'est à cause de toi que je suis,
à cause de Dieu, tu es;
à cause de toi, je suis proche
de lui. Tu es Lumière
10 voyant la Lumière, tu as manifesté
les lumières. Tu es
Mirôthéas, tu es mon Mirôthéos.
Je te bénis comme
un dieu, je bénis ta
15 divinité. Grand est le
Bon° Autogène° dressé!
O Dieu qui fut le premier
dressé! Tu es venu par bonté°,
tu t'es manifesté et tu t'es manifesté
20 par bonté°. Je proclamerai
ton Nom: tu es le premier
Nom; tu es un Inengendré. Toi,
tu t'es manifesté afin de°
manifester les (êtres) éternels.
25 Toi, tu es l'Existant, aussi
as-tu manifesté les vrais°
existants. Toi, qui es une parole (proclamée)
par la Voix,
c'est (+ δέ) par l'intellect° que
30 tu es glorifié. Toi, tu as
puissance en tout lieu,
c'est pourquoi même [le] monde° sensible°
te connaît par
toi-même et par ta semence°. Tu es miséricorde,

P. 120
1 et tu es quelqu'un d'une race° autre,
et elle est établie sur une autre race°.

ϯΝΟΥ ΔΕ N̄ΤΚ ΟΥΕΒΟ̣Λ Z̄Ν ΚΕ
ΓΕΝΟС· ΑΥⲰ ϤΚ̣[Η] ΕẒ[Ρ]ΑΪ ẸX̄Ν ΚΕ
5 ΓΕΝΟС· N̄ΤϘ̣ Ọ[Υ]ΕΒΟ̣Λ Z̄Ν ΚΕ
ΓΕΝΟС XΕ N̄ΓẸ[Ι]Ṇ̣Ε ΑΝ· N̄ΤΚ
ΟΥΝΑ ΔΕ XΕ N̄Τ[Κ Ο]ΥⲰ̣Α ΕΝΕZ
ΕΚΚΗ ΔΕ ΕZΡΑΪ Ẹ[Χ]N̄ ΟΥΓΕΝΟС
XΕ ΑΚΤΡΕΝΑΪ ΤΗΡΟΥ ΑΪΑΕΙ ΕΤΒΕ
10 ΤΑСΠΟΡΑ ΔΕ XΕ N̄ΤΟΚ ΕΤСΟΟΥΝ
M̄ΜΟС XΕ ΕСΚΗ Z̄Ν ΟΥXΠΟ· ZΕΝ
ΕΒΟΛ ΔΕ Z̄Ν ZΕΝΚΕΓΕΝΟС ΝΕ· XΕ
N̄СΕΕΙΝΕ ΑΝ· ΕΥΚΗ ΔΕ ΕZΡΑΪ Ε
X̄Ν ZΕΝΚΕΓΕΝΟС XΕ СΕΚΗ Z̄Ν
15 ΟΥⲰN̄Z· N̄ΤΟΚ ΟΥΜΙΡΟΘΕΟС
ϯСΜΟΥ ΕΤΕϤϬΟΜ ΤΗ ΕΤΑΥΤΑ
ΑС ΝΑΪ· ΠΗ ΕΤΑϤΤΡΕΝΙΜN̄Τ̄
ZΟΟΥΤ ΕΤⲰΟΟΠ ΟΝΤⲰС Ρ̄
ZΟΟΥΤ N̄ⲰΟΜΕΤ N̄СΟΠ· ΠΗ
20 ΕΤΑΥΠΟⲰ̣Ϥ ΕΠΕΝΤΑС· ΠΑΪ
N̄ΤΑΥΤΑΑϤ ΝΑΝ Z̄Ν ΟΥΜN̄Τ
ⲰΜN̄ΤϬΟΜ· ΠΑΪ N̄ΤΑΥXΠΟϤ
Z̄Ν ΟΥΜN̄Τ̄ΑΤΜΙСΕ· ΠΑΪ N̄ΤΑϤ
ΕΙ ΕΒΟΛ Z̄Μ ΠΕΤ̄СΟΤΠ· ΕΤΒΕ
25 ΠΗ ΕΤΘΕΒΙΗΟΥΤ ΑϤΜΟΟⲰΕ
ΕΒΟΛ Z̄Ν ΤΜΗΤΕ· N̄ΤΚ ΟΥΕΙ
ⲰΤ̄ ΕΒΟΛ Z̄ΙΤN̄ ΟΥΕΙⲰΤ· ΟΥ
ⲰΑXΕ ΕΒΟΛ Z̄Ν ΟΥΑZСΑZΝΕ·
ΤN̄СΜΟΥ ΕΡΟΚ ΠΙⲰΜ̄ΤZΟ
30 ΟΥΤ̄ XΕ ΑΚZⲰΤΠ ΠΤΗΡϤ Ε
ΒΟΛ Z̄ΙΤΟΟΤΟΥ ΤΗΡΟΥ XΕ ΑΚ
ϯϬΟΜ ΝΑΝ· ΑΚⲰⲰΠΕ ΕΒΟΛ
Z̄Ν ΟΥΑ ΕΒΟΛ Z̄ΙΤN̄ [Ο]ΥΑ· ΑΚΜΟ
ΟⲰΕ ΑΚΙ ΕΟΥΑ· ΑϘ̣[Ν]ΟΥZΜ

---

4 ΕZ[Ρ]ΑΪ: ạ extr inf d — 5 1° ọ courbe inf g — 6 ẹ[Ι]Ṇ̣Ε: ṇ infime trace extr vert d —
34 ϙ̣ pt extr inf g

Maintenant, cependant°, tu es quelqu'un d'une race°
autre et elle est éta[blie] sur une autre
5   race°. «Tu es quelqu'un d'une race°
autre», c'est-à-dire: tu n'es pas [ressemblant];
et° «tu es miséricorde», c'est-à-dire: [tu] es éternel;
et° «tu es établi sur une race°»,
c'est-à-dire: c'est toi qui les as tous fait croître;
10   et° «par ma semence°», c'est-à-dire: c'est toi qui sais
qu'elle est établie dans l'engendré;
et° «ceux-là sont issus d'autres générations°»,
c'est-à-dire: ils ne sont pas ressemblants; et° «ils sont établis
sur d'autres générations°», c'est-à-dire: ils sont établis dans
15   la Vie. Tu es une part de Dieu.
Je bénis sa puissance qui m'a été
donnée, lui qui a rendu
triplement mâles les masculinités
réellement° existantes,
20   lui qui a été divisé en la pentade°; lui
qui nous a été donné en
triple Puissance, lui qui a été engendré
sans être mis au monde. Lui qui est
sorti de l'Élection, à cause de
25   ce qui s'est abaissé, il s'en est allé
dans le Milieu. Tu es Père
venant de la part d'un Père,
Parole issue d'un conseil.
Nous te bénissons, ô Triple-Mâle,
30   d'avoir réuni le Tout
à l'aide d'eux tous, de nous avoir
donné puissance. Tu es sorti
de l'Un à l'instigation de l'Un, tu t'en es allé,
tu es (re)venu à l'Un. Tu as [sau]vé!

35 ακνογ͞2μ ακνα͞2μν· πιρεϥ
     χι κλομ· πιρεϥϯ κλομ·

                           ρ͞κα

1 τ͞νсμογ ερο̣κ̣ 2̄ν [ο]γμ̣ν̣τϣα
     ενε2· τ͞ν̣сμογ εροκ εταν
     νογ͞2μ [εв]ο̣[λ] 2α νικα[τ]ạ ογα
     ντε̣λιος· ν̣[τε]λιος̣ ετвнн
5 τ͞κ· νн ετα[γ͞ρ] τελιος ν͞μμακ·
     πн ετχнκ [π]н̣ ετε ϣαϥχωκ
     πιτελιος εвολ 2̄ιτ͞ν ναϊ тнρογ·
     παϊ ετεινε 2̄μ μα νιμ· πιϣμ͞ντ
     2οογτ· ακα2ερα͞тκ· ακ͞ρ ϣο
10 ρπ να2ερατκ· ακπωϣ 2̄μ μα
     νιμ· ακбω εκε νογα· αγω
     νн ετακογαϣογ ακνα2μογ·
     κογωϣ δε ετρεγνογ͞2μ
     ν̄б̄ι νн тнρογ ετμπϣα· ν͞τκ
15 ογτελιος ν̄͞τκ ογτελιος
     ν̄͞тκ ογτελιος: ϯϣο͞рπ
        ν̄стнλн ν̄тε сн͞θ:
       ϯμε2̄сντε ν̄стнλн
      ν̄тε сн͞θ: >>>— >>>>>>>—
20 ογνοб πε πιϣο͞рπ ν̄νεων
     μвαρвнλω ν̄2οογτ μπαρ
     θενος· πιϣο͞рπ ν̄εοογ ν̄
     τε πιωτ ν̄ατναγ εροϥ тн
     ετογμογτε ερος χε те
25 λιος· ν̄то αναγ ν̄ϣο͞рπ ε
     πιοντως ετϣοοπ ν̄ϣο
     ρπ χε ογατογсια πε· αγω

36 π coin sup g et amorce du tr hor invisible sur fs, 2 pts d'encre extr sup et inf de la vert d
1 м̣ moitié g et léger tr d'encre de la vert d visible sur pap — 4 ντε̣λιος: ε̣ part inf de la
courbe visible sur pap

35 Tu as sauvé! Tu nous as sauvés! Ô toi
qui es couronné! Ô toi qui couronnes!

P. 121

1 Nous te bénissons éternellement.
Nous te bénissons, nous qui avons
été séparés [des] parfaits° à titre°
individuel, [par]faits° grâce
5 à toi, nous qui sommes devenus [par]faits° unis à toi,
celui qui est achevé, [qui] donne l'achèvement,
toi qui es parfait° à l'aide d'eux tous,
celui qui est partout semblable à soi-même. Ô Trois fois
Mâle, tu es dressé, tu fus le premier
10 dressé. Tu t'es dispensé en tout
lieu : tu persistes à être un. Et
ceux que tu as voulus, tu les as sauvés,
tu veux aussi° que soient sauvés
tous ceux qui (en) sont dignes. Tu es
15 parfait°! Tu es parfait°!
Tu es parfait°! Première
Stèle° de Seth.
Deuxième Stèle°
de Seth.
20 Grand est le premier Éon°,
Barbélo, Vierge° mâle!
Ô Gloire primordiale du
Père Invisible,
(toi) qu'on appelle Parfaite°!
25 Toi, tu as vu au commencement
que le Préexistant réel°
est un Non-être°, et

ⲉⲃⲟⲗ ⲙ̄ⲙⲟϥ ⲁⲩⲱ ⲉⲃⲟⲗ ϩ̄ⲓⲧⲟ
ⲟⲧϥ· ⲁⲣⲉϣⲱⲡⲉ ⲛ̄ϣⲟⲣⲡ̄

30   ϩⲛ ⲟⲩⲙⲛⲧ̄ϣⲁ ⲉⲛⲉϩ· ⲧⲁⲧⲟⲩ
ⲥⲓⲁ ⲉⲃⲟⲗ [ϩⲛ] ⲟⲩⲁ ⲛ̄ⲁⲧⲡⲱϣ
ⲛ̄ϣⲙⲧ̄[ϭⲟ]ⲙ ⲛ̄ⲧⲉ ⲟⲩϣⲙⲧ̄
ϭⲟⲙ ⲛ̄ⲧ[ⲉ ⲟⲩ]ⲙⲟⲛⲁⲥ ⲉⲛⲁⲁⲥ
ⲉⲃⲟⲗ ϩ̄ⲛ [ⲟⲩⲙ]ⲟ̣ⲛ̣ⲁⲥ ⲉⲥⲧⲃⲃ̣[ⲏⲩ]

ⲣ̄ⲕⲃ

1   ⲛ̄ⲧⲉ ⲟ̣ⲩⲙ̄[ⲟ]ⲛ̣ⲁⲥ ⲉⲥⲥⲟⲧⲡ̄· ⲧ
ϣⲟⲣⲡ̄ ⲛ̄ϩ̣ⲁⲉⲓⲃ̣[ⲉ]ⲥ ⲛ̄[ⲧ]ⲉ̣ ⲡⲓⲱⲧ
ⲉⲧⲟ̣[ⲩ]ⲁ̣ⲁⲃ· ⲟⲩⲟ̣ⲉ̣[ⲓⲛ] ⲉⲃ̣ⲟⲗ
ϩ̄ⲛ ⲟⲩⲟⲉⲓⲛ [ⲧⲛ̄]ⲥⲙ̣ⲟⲩ ⲉ̣ⲣⲟ

5   ⲧⲣⲉϥϫⲡⲉ ⲧⲉⲗ̣[ⲓⲟ]ⲥ ⲧⲣⲉϥⲧ̄
ⲉⲱⲛ· ⲛ̄ⲧⲟ ⲁⲣⲉ̣[ⲛ]ⲁ̣ⲩ ⲉⲛⲓϣⲁ
ⲉⲛⲉϩ ϫⲉ ϩⲉⲛⲉⲃ̣[ⲟ]ⲗ̣ ϩⲛ ⲟⲩϩⲁⲉⲓ
ⲃⲉ ⲛⲉ· ⲁⲩⲱ ⲁⲣⲉⲧ̄ ⲏⲡⲉ· ⲁⲩⲱ
ⲁⲣⲉⲃⲓⲛⲉ ⲙⲉⲛ· ⲁⲣⲉⲃⲱ ⲉⲣⲉⲉ ⲛ̄

10   ⲟⲩⲉ̂ⲓ· ⲉⲣⲉⲧ̄ ⲏⲡⲉ ⲇⲉ ⲉⲡⲱϣⲉ ⲛ
ⲧⲟ ⲟⲩϣⲙ̄ⲧⲕⲱⲃ· ⲧⲉⲕⲏⲃ ⲛⲁⲙⲉ
ⲛ̄ϣⲙⲛⲧ̄ⲥⲟⲡ· ⲛ̄ⲧⲉ ⲟⲩⲉⲓ ⲙⲉⲛ
ⲛ̄ⲧⲉ ⲡⲓⲟⲩⲁ· ⲁⲩⲱ ⲛ̄ⲧⲟ ⲉⲃⲟⲗ ϩ̄ⲛ
ⲟⲩϩⲁⲉⲓⲃⲉⲥ ⲛ̄ⲧⲁϥ· ⲛ̄ⲧⲉ ⲟⲩⲕⲁⲥ

15   ⲛ̄ⲧⲉ ⲟⲩⲕⲟⲥⲙⲟⲥ ⲛ̄ⲧⲉ ⲡⲥⲟⲟⲩⲛ·
ⲉⲣⲉⲉⲓⲙⲉ ⲉⲛⲁ ⲡⲓⲟⲩⲁ· ϫⲉ ϩⲉⲛⲉ
ⲃⲟⲗ ϩ̄ⲛ ⲟⲩϩⲁⲉⲓⲃⲉⲥ ⲛⲉ· ⲁⲩⲱ ⲛⲁ̈
ⲥⲉⲛ̄ⲧⲉ ⲙ̄ⲙⲁⲩ ϩ̄ⲙ ⲡϩⲏⲧ· ⲉⲧⲃⲉ
ⲛⲁ̈ ⲁⲣⲉⲧ̄ ϭⲟⲙ ⲛ̄ⲛⲓϣⲁ ⲉⲛⲉϩ:

20   ϩ̄ⲛ ⲧⲙⲛⲧ̄ⲟⲩⲥⲓⲁ· ⲁⲧϭⲟⲙ ⲛ̄ⲧ̄
ⲙⲛⲧ̄ⲛⲟⲩⲧⲉ ϩ̄ⲛ ⲧⲙⲛ̄ⲧ̄ⲱⲛϩ
ⲁⲣⲉⲧ̄ ϭⲟⲙ ⲛ̄ⲧ̄ⲙⲛⲧ̄ⲉⲓⲙⲉ ϩ̄ⲛ
ⲧⲙⲛⲧ̄ⲁⲅⲁⲑⲟⲥ· ϩ̄ⲛ ⲧⲙⲛ̄ⲧ̄

---

4 ⲉ̣ pt de courbe inf g — 6 ⲁ̣ extr inf d touchant l'aile g du ⲩ suivant — 19 après ⲁⲛⲉϩ pt
ou tache d'encre?

c'est de lui et par
lui que tu as préexisté
30   éternellement. Ô Non-être°
issu d'[une] Unité (qui est une) indivise
Triple [Puis]sance: tu es Triple
Puissance, tu es [une] Monade° grande
issue d'[une M]onade° pure,

P. 122
 1   tu es une M[o]nade° élue.
Ô Omb[re] primordiale [du] Père
[sa]int, Lumi[ère] issue
de Lumière, [nous] te bénissons.
 5   Ô Génitrice par[fai]te°, Productrice
d'Éons°! Toi, tu as [vu] que les (êtres) éternels
sont des êtres issus d'une Ombre.
Et tu t'es multipliée et
tu t'es trouvée (+ μέν) persistant à être une,
10   tout en te divisant (+ δέ) pour un partage.
Toi qui es double triplement, tu es, en vérité,
double trois fois. Oui°, tu es bien l'Unité
de l'Un et tu proviens
d'une Ombre qui lui appartient. Tu es la Cachée°,
15   tu es le monde° de la connaissance,
sachant que ceux qui appartiennent à l'Un sont issus
d'une Ombre et
te portent dans leur cœur.
A cause d'eux, tu as donné puissance aux êtres éternels
20   dans la Substantialité°; tu as donné puissance
à la divinité dans la Vitalité;
tu as donné puissance à l'intellection
dans la Bonté°; dans la

ⲙⲁⲕⲁⲣⲓⲟⲥ ⲁⲣⲉϯ ϭⲟⲙ ⲛ̄ⲛⲓϩⲁ
25 ⲉⲓⲃⲉ ⲉⲧⲱⲧϩ ⲉⲃⲟⲗ ϩⲙ ⲡⲓⲟⲩⲁ·
ⲁϯ ϭⲟⲙ ⲙ̄ⲡⲁⲓ ϩⲛ ϯⲙⲛ̄ⲧⲉⲓⲙⲉ·
ⲁϯ ϭⲟⲙ ⲛ̄ⲕⲉⲟⲩⲁ ϩⲛ ⲟⲩⲧⲁ
ⲙⲓⲟ· ⲁϯ ϭⲟⲙ ⲙ̄ⲡⲏ ⲉⲧϣⲏϣ
ⲙⲛ ⲡⲏ ⲉⲧⲉⲛϥϣⲏϣ ⲁⲛ· ⲡⲏ
30 ⲉⲧⲉⲓⲛⲉ ⲙ̄ⲛ ⲡⲏ ⲉⲧⲉⲛϥⲓⲛⲉ
ⲁⲛ· ⲁϯ ϭⲟⲙ ϩⲛ ⲟ[ⲩ]ⲭⲡⲟ ⲙ̄ⲛ
ϩⲉⲛⲉⲓⲇⲟⲥ ϩⲙ ⲡⲏ [ⲉⲧ]ϣⲟⲟⲡ
ϣⲁ ϩⲉⲛⲕⲟⲟⲩⲉ̣··[·]·ⲩⲱ·[·]
[··]ⲁ̈ⲓ ⲙ̄ⲛ ⲟⲩⲭ[ⲡⲟ· ⲁⲣⲉϯ] ϭⲟⲙ ⲛ̄

ⲣⲕⲅ

1 ⲛⲁ̈ⲓ· ⲡⲁ̈ⲓ ⲡⲉ ⲡⲓⲕ̣ⲁ̣ⲥ· [ⲉ]ⲧ̄ⲙ̄ⲙ̣ⲁⲩ
ϩⲙ ⲫⲏⲧ· [ⲁ]ⲩⲱ [ⲁⲣ]ⲉⲉⲓ ⲉ̣ⲃ[ⲟ]ⲗ̣ ϣⲁ
ⲛ̣ⲁ̈ⲓ ⲁⲩⲱ [ⲉⲃ]ⲟⲗ [ϩ]ⲛ ⲛⲁ̈ⲓ ϣⲁ̣ⲣⲉⲡⲱϣ
ⲉϩⲣⲁ̣[ⲓ ⲉ]ϫ̣ⲱ[ⲟ]ⲩ [ⲁⲩ]ⲱ ϣⲁⲣⲉϣⲱ
5 ⲡⲉ ⲛ̄ⲟ̣ⲩⲡⲣⲱ[ⲧⲟ]ⲫⲁⲛⲏⲥ ⲛ̄ⲛⲟϭ
ⲛ̄ϩⲟⲟⲩⲧ ⲛ̣ⲛ̣[ⲟ]ⲩⲥ· ⲡⲓⲛⲟⲩⲧⲉ
ⲛ̄ⲉⲓⲱⲧ· ⲡⲓⲁⲗ[ⲟ]ⲩ ⲛ̄ⲛⲟⲩⲧⲉ· ⲡⲓ
ⲣⲉϥϫⲡⲉ ⲛ̄ⲡⲉ· ⲕⲁⲧⲁ ⲟⲩⲡⲱϣ
ⲛ̄ⲛⲓⲟⲛⲧⲱⲥ ⲉⲧϣⲟⲟⲡ ⲧⲏⲣⲟⲩ·
10 ⲁⲕⲟⲩⲱⲛϩ̄ ⲉⲃⲟⲗ ⲛⲁⲩ ⲧⲏⲣⲟⲩ ⲛ̄
ⲟⲩϣⲁϫⲉ· ⲁⲩⲱ ⲟⲩⲛ̄ⲧⲁⲕ ⲙ̄ⲙⲁⲩ
ⲛ̄ⲛⲁ̈ⲓ ⲧⲏⲣⲟⲩ ϩⲛ ⲟⲩⲙⲛ̄ⲧⲁⲧⲙⲓ
ⲥⲉ ⲙ̄ⲛ ⲟⲩⲙⲛ̄ⲧ̄ϣⲁ ⲉⲛⲉϩ· ⲁⲧ
ϫⲛⲉ ⲟⲩⲧⲁⲕⲟ ⲉⲧⲃⲏⲏⲧⲉ· ⲁϥⲓ

---

33 ϩⲉⲛⲕⲟⲟⲩⲉ̣ ··[·]·ⲩⲱ·[·]: après ⲕⲟⲟⲩⲉ̣, traces de la part sup de 2 lettres // entre la
1⁰ lacune de 1 lettre et ⲩ, extr de l'aile d d'un ⲩ ou d'un ⲭ. Sur le pap, on voit bien la
séparation entre l'extr d de cette lettre(?) et l'extr de l'aile g du ⲩ suivant // après ⲱ pas de
pt (coloration du pap) mais trace de la courbe g d'un ⲟ, d'un ⲥ ou d'un ⲉ // peut-être
lacune de 1 lettre à la fin de la ligne
3 ⲛ̣ⲁ̈ⲓ: le tracé du ⲛ est en partie effacé et difficile à identifier mais le lobe du ⲁ̣ est visible
sur pap // ⲓ̈ extr sup et pt d du tréma // [ϩ]ⲛ sans tr voc. — 6 ⲛ̄ⲛ̣[ⲟ]ⲩⲥ: aile du ⲩ et vert
bien visible sur pap — 7 ⲩ̣ extr inf de la vert et extr de l'aile d visible sur pap mais invisible
sur fs

Béatitude°, tu as donné puissance aux ombres
25 émanées de l'Un.
Tu as donné puissance à l'un dans l'intellection,
tu as donné puissance à l'autre dans le devenir.
Tu as donné puissance à ce qui est égal
et à ce qui n'est pas égal,
30 à ce qui est ressemblant et à ce qui n'est pas ressemblant.
Tu as imparti une puissance, par genre
et formes°, dans l'Existant
jusqu'à d'autres [....................]
[...] et genre. Tu leur as donné

P. 123

1 puissance : voilà ce qui est caché° là
dans le cœur. Et [tu es s]ortie
vers eux, et, par leur entremise, tu te dispenses
[parmi eux], et tu deviens
5 Pre[mier]° Révélé°, Grand
[Intellect]° mâle. Ô Dieu-Père,
ô En[fant]-Dieu !
Ô Engendreur de nombre selon° la division
de tous les vrais° existants !
10 Tu leur as révélé à tous
une parole et tu les maintiens
tous sans les mettre au monde
(et) dans une éternité
indestructible. Par toi est venu

15 ϣⲁⲣⲟⲛ ⲛ̄ϭⲓ ⲡⲓⲟⲩϫⲁⲓ̈· ⲉⲃⲟⲗ ⲙ̄
ⲙⲟ ⲡⲉ ⲡⲓⲟⲩϫⲁⲓ̈· ⲛ̄ⲧⲟ ⲟⲩⲥⲟ
ⲫⲓⲁ ⲛ̄ⲧⲉ ⲟⲩⲅⲛⲱⲥⲓⲥ· ⲛ̄ⲧⲟ
ⲡⲉ ⲧ̇ⲙⲛ̄ⲧⲙⲉ· ⲉⲧⲃⲏⲧⲉ ⲡⲉ ⲡⲓ
ⲱⲛ̄ϩ· ⲉⲃⲟⲗ ⲙ̄ⲙⲟ ⲡⲉ ⲡⲓⲱⲛ̄ϩ·
20 ⲉⲧⲃⲏⲧⲉ ⲡⲉ ⲡⲓⲛⲟⲩⲥ ⲉⲃⲟⲗ ⲙ̄
ⲙⲟ ⲡⲉ ⲡⲓⲛⲟⲩⲥ· ⲛ̄ⲧⲟ ⲟⲩⲛⲟⲩⲥ
ⲛ̄ⲧⲉ ⲟⲩⲕⲟⲥⲙⲟⲥ ⲛ̄ⲧⲉ ⲧ̇ⲙⲛ̄ⲧⲙⲉ·
ⲛ̄ⲧⲉ ⲟⲩϣⲙ̄ϭⲟⲙ ⲛ̄ⲧⲉ ⲟⲩ
ϣⲙⲛ̄ⲧⲕⲱⲃ· ⲉⲛⲁⲙⲉ ⲧⲉⲕⲏⲃ
25 ⲛ̄ϣⲟⲙⲉⲧ ⲛ̄ⲥⲟⲡ· ⲡⲉⲱⲛ ⲛ̄
ⲧⲉ ϩⲉⲛⲉⲱⲛ· ⲛ̄ⲧⲟ ⲙ̄ⲙⲁⲧⲉ
ⲉⲧⲛⲁⲩ ϩ̄ⲛ ⲟⲩⲧⲃ̄ⲃⲟ ⲉⲛⲓϣⲟ
ⲣⲡ ϣⲁ ⲉⲛⲉϩ ⲙⲛ ⲛⲓⲁⲧ̇ⲙⲓⲥⲉ
ⲛ̄ϣⲟⲣⲡ ⲇⲉ ⲙ̄ⲡⲱϣⲉ ⲕⲁⲧⲁ
30 ⲑⲉ ⲛ̄ⲧⲁⲩⲡⲟϣⲉ· ϩⲟⲧ̇ⲡ̄ⲛ
ⲕⲁⲧⲁ ⲑⲉ ⲛ̄ⲧⲁⲩϩⲟⲧⲡⲉ· ⲙⲁ
ⲧⲁⲙⲟⲛ [ⲉ]ⲛ̣ⲏ ⲉⲧⲉⲛⲁⲩ ⲉⲣⲟ
ⲟⲩ· ⲧ̇ϭⲟⲙ [ⲛ̄]ⲁ̣ⲛ ϩ̣ⲓⲛⲁ ϫⲉ ⲉⲛⲉ

ⲣ̄ⲕ̄ⲁ̄

1 ⲛⲟⲩϩ̄ⲙ ⲉ̣[ϩ]ⲣ̣ⲁⲓ̈ ⲉⲩⲱⲛ̄ϩ ⲛ̄ϣⲁ ⲉ
ⲛⲉϩ· ϫⲉ [ⲁ]ⲛ̣ⲟ̣[ⲛ ⲁ]ⲛⲟ̣ⲛ ⲟⲩϩⲁⲉⲓ
ⲃⲉⲥ ⲛ̄[ⲧ]ⲉ· ⲕⲁⲧⲁ̣[.]..[.].ⲉⲧⲉⲥ̣
ⲧⲉ ⲟⲩϩⲁⲉⲓⲃ[ⲉⲥ ⲛ̄]ⲧⲉ̣ ⲡ[ⲏ ⲉ]ⲧⲣ̄
5 ϣⲣⲡⲛ̄ϣⲟⲟⲡ [ⲛ̄]ϣⲟⲣⲡ· ⲥ̣ⲱⲧ̄ⲙ
ⲉⲣⲟⲛ ⲛ̄ϣⲟⲣⲡ [ⲁⲛ]ⲟⲛ ϩⲉⲛϣⲁ
ⲉⲛⲉϩ ⲥⲱⲧ̄ⲙ ⲉ[ⲣⲟ]ⲛ ϩⲁ ⲛⲓⲕⲁⲧⲁ
ⲟⲩⲁ ⲛ̄ⲧⲉⲗⲓⲟⲥ· ⲛ̄ⲧⲟ ⲡⲉ ⲡⲓⲁⲓ
ⲱⲛ ⲛ̄ⲧⲉ ϩⲉⲛⲁⲓⲱⲛ· ⲧ̇ⲡⲁⲛⲧⲉ

---

2 ϫ̣ extr sup de l'aile g et pt inf g visible sur pap — 3 ⲕⲁⲧⲁ̣:ⲁ̣ trace courbe g du lobe —
4 ⲛ̄]ⲧⲉ̣ : ⲉ légère trace de courbe méd g visible sur pap // ⲡ[ⲏ ⲉ]ⲧⲣ̄ : ⲡ extr inf vert g, vert d
et moitié d du tr hor visible sur pap mais invisible sur fs — 5 ⲡ extr inf de la vert g et pt extr
inf de la vert d, invisible sur fs

15 jusqu'à nous le Salut:
    de toi provient le Salut; tu es Sagesse°
    de gnose°. Tu es
    la Vérité: par toi est la
    Vie, de toi provient la Vie.
20 Par toi est l'Intellect°,
    de toi provient l'Intellect°; tu es l'Intellect°,
    tu es le monde° de la Vérité.
    Tu es Triple Puissance:
    toi qui es double triplement, en vérité, tu es
25 double trois fois. Ô Éon°
    des Éons°, c'est toi seulement
    qui vois purement
    les premiers éternels et les inengendrés,
    et° les premières divisions sont
30 telles° que tu t'es divisée. Réunis-nous
    tel° que tu as été réunie.
    Apprends-nous [ce] que tu vois.
    Donne-[nous] puissance afin° d'être

P. 124
 1 sauvés pour la vie éternelle:
    car [nous] sommes, nous, une ombre
    de [toi] comme° [...............]
    une om[bre de celui qui est]
 5 [le] Préexistant Premier. Écoute-
    nous d'abord: [nous] sommes des (êtres)
    éternels. Écoute-[nous] en tant que
    parfaits° à titre° individuel. C'est toi
    l'Éon° des Éons°, la Perfection° totale°

10 ⲗⲓⲟⲥ· ⲉⲧⲕⲏ ϩⲓ ⲟⲩⲙⲁ· ⲁⲥⲱⲧⲙ̄
     ⲁⲥⲱⲧⲙ· ⲁⲛⲟⲩϩⲙ ⲁⲛⲟⲩϩⲙ·
     ⲧⲛ̄ϣⲡ̄ϩⲙⲟⲧ· ⲧⲛ̄ⲥⲙⲟⲩ ⲛ̄ⲟⲩⲟ
     ⲉⲓϣ ⲛⲓⲙ· ⲉⲛⲉⲧ ⲉⲟⲟⲩ ⲛⲉ: > > > > > ——
          †ⲙⲉϩⲥ̄ⲛⲧⲉ ⲛ̄ⲥⲧⲏⲗⲏ > > > ——

15   ⲛ̄ⲧⲉ ⲥⲏⲑ: > > > > > —— > > > > ══
     ⲧⲙⲉϩϣⲟⲙⲧⲉ ⲛ̄ⲥⲧⲏⲗⲏ > > > ——
     ⲧⲛ̄ⲣⲁϣⲉ ⲧⲛ̄ⲣⲁϣⲉ ⲧⲛ̄ⲣⲁϣⲉ
     ⲁⲛⲛⲁⲩ. ⲁⲛⲛⲁⲩ. ⲁⲛⲛⲁⲩ. ⲉⲡⲏ
     ⲉⲧⲣ̄ϣⲣⲡ̄ⲛ̄ϣⲟⲟⲡ ⲟⲛⲧⲱⲥ ⲉϥ

20 ϣⲟⲟⲡ ⲟⲛⲧⲱⲥ· ⲉϥϣⲟⲟⲡ ⲡⲓ
     ϣⲟⲣⲡ̄ ⲛ̄ϣⲁ ⲉⲛⲉϩ· ⲡⲓⲁⲧⲙⲓ
     ⲥⲉ ⲉⲃⲟⲗ ⲙ̄ⲙⲟⲕ ⲛⲉ ⲛⲓϣⲁ ⲉⲛⲉϩ·
     ⲙ̄ⲛ ⲛⲓⲁⲓⲱⲛ ⲛⲓⲡⲁⲛⲧⲉⲗⲓⲟⲥ
     ⲉⲧⲕⲏ ϩⲓ ⲟⲩⲙⲁ ⲙ̄ⲛ ⲛⲓⲕⲁⲧⲁ

25 ⲟⲩⲁ ⲛ̄ⲧⲉⲗⲓⲟⲥ· ⲧⲛ̄ⲥⲙⲟⲩ ⲉ
     ⲣⲟⲕ ⲡⲓⲁⲧⲟⲩⲥⲓⲁ· †ϩⲩⲡⲁⲣⲝⲓⲥ
     ⲉⲧϩⲁⲑⲏ ⲛ̄ϩⲉⲛϩⲩⲡⲁⲣⲝⲓⲥ·
     †ϣⲟⲣⲡ̄ ⲛ̄ⲟⲩⲥⲓⲁ ⲉⲧϩⲁⲑⲏ
     ⲛ̄ϩⲉⲛⲟⲩⲥⲓⲁ· ⲡⲓⲱⲧ ⲛ̄ⲧⲉ

30 †ⲙⲛ̄ⲧⲛⲟⲩⲧⲉ ⲙ̄ⲛ †ⲙⲛ̄ⲧ
     ⲱⲛϩ· ⲡⲓⲣⲉϥⲧⲁⲙⲓⲉ ⲛ̄ⲟⲩⲥ·
     ⲡⲓⲣⲉϥ† ⲁⲅⲁⲑⲟⲛ· ⲡⲓⲣⲉϥ†
     ⲙⲛ̄ⲧⲙⲁⲕⲁⲣⲓⲟⲥ· [ⲧ]ⲛ̄ⲥⲙⲟ[ⲩ]
     ⲉⲣⲟⲕ ⲧⲏⲣⲛ̄ ⲡ[ⲓ]ⲣⲉϥⲉⲓⲙⲉ ϩⲛ̄

35 ⲟⲩⲥⲙⲟⲩ ⲉ[ⲛⲉ† ⲉⲟⲟ]ⲩ. ⲡⲁⲓ̈ ⲉ

                       ——
                       ⲣⲕⲉ

1 ⲧⲉ ⲉⲧⲃⲏ[ⲏ]ⲧϥ .[...] ⲧⲏⲣⲟⲩ·
     ⲛ̄ⲧ. [.] . [..]ⲙ̄[± 6   ]ⲱⲥ
     ⲉ[± 7   ]ⲡⲏ ⲉⲧⲉⲓⲙⲉ ⲉⲣⲟⲕ
     ⲉⲃⲟ[ⲗ ϩⲓⲧ]ⲟⲟⲧⲕ̄ [ⲟ]ⲩⲁⲁⲕ· ⲙ̄ⲙⲛ

3 après ⲉⲣⲟⲕ, trous dans le pap et non pts d'encre

10 rassemblée. Écoute!
    Écoute! Sauve! Sauve!
    Nous rendons grâce! Nous te bénissons
    en tout temps. Puissions-nous te rendre gloire!
                Deuxième Stèle°
15   de Seth
                Troisième Stèle°
    Nous nous réjouissons! Nous nous réjouissons! Nous nous
                                              réjouissons!
    Nous avons vu! Nous avons vu! Nous avons vu celui
    qui est le Préexistant réel°,
20 qui existe réellement°, qui est
    le Prééternel. Ô Inengendré,
    de toi proviennent les (êtres) éternels:
    et les Éons°, ces (êtres) entièrement° parfaits°
    rassemblés, et les parfaits°
25 à titre° individuel. Nous te bénissons,
    ô Non-être°! Ô Existence°
    antérieure aux existences°!
    Ô Proto-Essence° antérieure
    aux essences°! Père de
30 la Divinité et de la Vitalité!
    Créateur d'Intellect°!
    Dispensateur de Bien°, Dispensateur
    de Béatitude°! [Nous] te bénissons
    tous, ô toi [qui] détiens toute science,
35 dans une bénédiction [en te rendant gloire]. (Toi) celui

                        P. 125

1   à cause de qui [.........] tous.
    Tu [........................]
    [...................], celui qui Te connaît
    [par toi-même]. Il n'est

5 ⲗⲁⲁⲩ [ⲅ]ⲁ̣ⲣ ⲉ̣ϥⲣ̄ⲉ[ⲛ]ⲉ̣ⲣⲅⲉⲓ ϩⲁ ⲧⲉⲕ
ⲉϩⲏ · ⲛ̄ⲧⲕ ⲟ̣[ⲩ ⲡ̄]ⲛ̣ⲁ ⲟⲩⲁⲁϥ ⲁⲩⲱ
ⲉϥⲟⲛϩ · ⲁⲩⲱ [ⲉϥ]ⲥⲟⲟⲩⲛ ⲉⲟⲩⲁ
ϫⲉ ⲡⲓⲟⲩⲁ ⲉⲧⲛ̄ⲧⲁⲕ ⲛ̄ⲥⲁ ⲥⲁ ⲛⲓⲙ
ⲙ̄ⲙ̄ⲛ ϭⲟⲙ ⲙ̄ⲙⲟⲛ ⲉϫⲟⲟϥ · ϥ̄ⲣ ⲟⲩ
10 ⲟⲉⲓⲛ ⲅⲁⲣ ⲉϩⲣⲁⲓ̈ ⲉϫⲱⲛ ⲛ̄ϭⲓ ⲡⲉⲕ
ⲟⲩⲟⲉⲓⲛ · ⲟⲩⲉϩⲥⲁϩⲛⲉ ⲛⲁⲛ ϫⲉ
ⲕⲁⲁⲥ ⲉⲛⲁⲛⲁⲩ ⲉⲣⲟⲕ ϫⲉⲕⲁⲁⲥ
ⲉⲛⲉⲛⲟⲩϩ̄ⲙ̄ · ⲧⲉⲕⲅⲛⲱⲥⲓⲥ ⲛ̄
ⲧⲟⲥ ⲡⲉ ⲡⲉⲛⲟⲩϫⲁⲓ̈ ⲧⲏⲣ̄ⲛ · ⲟⲩ
15 ⲉϩⲥⲁϩⲛⲉ ⲉⲕϣⲁⲛⲟⲩⲉϩⲥⲁϩ
ⲛⲉ ⲁⲛⲛⲟⲩϩ̄ⲙ̄ · ⲉⲛⲁⲙⲉ ⲁⲛⲛⲟⲩ ·
ϩ̄ⲙ ⲁⲛⲛⲁⲩ ⲉⲣⲟⲕ ϩ̄ⲛ ⲟⲩⲛⲟⲩⲥ ·
ⲛ̄ⲧⲟⲕ ⲡⲉ ⲛⲁⲓ̈ ⲧⲏⲣⲟⲩ. ϣⲁⲕⲛⲟⲩ
ϩ̄ⲙ ⲅⲁⲣ ⲛ̄ⲛⲁⲓ̈ ⲧⲏⲣⲟⲩ · ⲡⲏ ⲉⲧⲉ
20 ⲛ̄ⲛⲁⲩⲛⲁϩⲙⲉϥ ⲁⲛ · ⲟⲩⲇⲉ · ⲙ̄ⲡⲉϥ
ⲛⲟⲩϩ̄ⲙ̄ ⲉⲃⲟⲗ ϩ̄ⲓⲧⲟⲟⲧⲟⲩ · ⲛ̄
ⲧⲟⲕ ⲅⲁⲣ ⲁⲕⲟⲩⲉϩⲥⲁϩⲛⲉ ⲛⲁⲛ ·
ⲛ̄ⲧⲕ ⲟⲩⲁ ⲛ̄ⲧ̄ⲕ ⲟⲩⲁ ⲕⲁⲧⲁ ⲡⲣⲏ
ⲧⲉ ⲉⲧⲉ ⲟⲩⲛ̄ ⲟⲩⲁ ⲛⲁϫⲟⲟⲥ ⲉ
25 ⲣⲟⲕ ϫⲉ ⲛ̄ⲧ̄ⲕ ⲟⲩⲁ ⲛ̄ⲧ̄ⲕ ⲟⲩⲡ̄ⲛ̄ⲁ
ⲛ̄ⲟⲩⲱⲧ ⲉϥⲟⲛϩ̄ · ⲉⲛⲛⲁϯ ⲣⲁⲛ
ⲉⲣⲟⲕ ⲛ̄ⲁϣ ⲛ̄ϩⲉ · ⲛ̄ϥⲛ̄ⲧⲁⲛ ⲙ̄
ⲙⲁⲩ ⲁⲛ · ⲛ̄ⲧⲟⲕ ⲅⲁⲣ ⲡⲉ ϯϩⲩ
ⲡⲁⲣϫⲓⲥ ⲛ̄ⲧⲉ ⲛⲁⲓ̈ ⲧⲏⲣⲟⲩ ·
30 ⲛ̄ⲧⲟⲕ ⲡⲉ ⲡⲱⲛ̄ϩ ⲛ̄ⲧⲉ ⲛⲁⲓ̈
ⲧⲏⲣⲟⲩ · ⲛ̄ⲧⲟⲕ ⲡⲉ ⲡⲛⲟⲩⲥ
ⲛ̄ⲧⲉ ⲛ[ⲁⲓ̈] ⲧⲏⲣⲟⲩ · ⲛ̄ⲧⲟⲕ
[ⲉⲧⲉ ⲛⲁⲓ̈] ⲧⲏ[ⲣⲟ]ⲩ ⲧⲉⲗⲏⲗ ⲛⲁⲕ

---

18 pt après ⲧⲏⲣⲟⲩ : il se distingue bien des autres taches sur le pap — 21 après ⲛ à la fin de
la ligne, pap taché et non pt semble-t-il

5   personne, en effet°, qui soit en [acte]° devant ta face.
Tu es [l'Es]prit° seul et
vivant et qui sait de l'Unité,
que cette Unité qui est tienne, aucunement
nous ne pouvons la dire!

10 Elle brille, en effet°, sur nous ta
lumière. Ordonne-nous
de° te voir pour°
être sauvés: ta connaissance°,
c'est elle notre salut à tous.

15 Ordonne! Si tu ordonnes,
nous voilà sauvés! Effectivement, nous avons été sauvés:
nous t'avons vu en intellect°.
Toi, tu es tous ceux-ci puisque, en effet,
tu les sauves tous,

20 Toi qui n'as pas été sauvé, ni° n'as eu à
être sauvé par eux.
C'est Toi, en effet°, qui nous as donné un ordre.
Tu es Un! Tu es Un de manière°
qu'on dira de toi:

25 Tu es Un! Tu es l'Esprit°
seul et vivant! Comment pourrions-nous
Te donner un nom? Nous ne l'avons
pas. Toi, en effet°, Tu es
l'Existence° de tous ceux-ci:

30 Toi, Tu es leur vie à tous°,
Toi, Tu es leur intellect°
à tous. C'est en Toi
que tous ils exultent.

‹p̄κ̄ϲ̄›

1 ⲛ̄ⲧⲟⲕ ⲁⲕⲟⲩⲉϩⲥⲁϩ[ⲛ]ⲉ ⲛ̄ⲛⲁⲓ
   ⲧⲏⲣ[ⲟ]ⲩ ⲉ[ⲧⲣ]ⲉ[ⲩⲛ]ⲟⲩ[ϩ]ⲙ̣̄ ϩ̣ⲙ ⲡⲉⲕ
   ϣⲁ[ⲭⲉ .]... [.]ⲉ̣[± 7]ⲙ
   ⲙ̄ⲙ[ⲟⲟ]ⲩ· ⲡⲓⲉ̣[.].. [± 6]ⲧ

5 ⲉⲧϩⲁⲭⲱϥ̣ [ⲡⲓⲕ]ⲁⲥ ⲡ̄ⲙ̄[ⲁ]ⲕ̣ⲁⲣⲓ
   ⲟⲥ ⲥⲏⲛⲁϣⲛ [ⲉⲧⲁϥ]ⲭⲡⲟ ⲉⲃⲟⲗ
   ⲙ̄ⲙⲟϥ ⲟⲩⲁⲁ[ϥ..]ⲛⲉⲩ· ⲙⲉ
   ⲫⲛⲉⲩ· ⲟⲡⲧⲁϣⲛ· ⲉⲗⲉⲙⲁⲱⲛ
   ⲡⲓⲛⲟϭ ⲛ̄ϭⲟⲙ· ⲉⲙⲟⲩⲛⲓⲁⲣ·

10 ⲛⲓⲃⲁⲣⲉⲩ· ⲕⲁⲛⲇⲏⲫⲟⲣⲉ· ⲁⲫⲣⲏ
   ⲗⲱⲛ· ⲇⲏⲓ̈ⲫⲁⲛⲉⲩⲥ· ⲛ̄ⲧⲟⲕ
   ⲉⲧⲉ ⲛ̄ⲁⲣⲙⲏⲇⲱⲛ ⲛⲁⲓ̈ ⲡⲓⲣⲉϥⲭⲡⲉ
   ϭⲟⲙ· ⲑⲁⲗⲁⲛⲁⲑⲉⲩ· ⲁⲛⲧⲓⲑⲉⲩⲥ·
   ⲛ̄ⲧⲟⲕ ⲉⲧϣⲟⲟⲡ ⲛ̄ϩⲣⲁⲓ̈ ⲛ̄ϩⲏ

15 ⲧⲕ ⲙⲁⲩⲁⲁⲕ· ⲛ̄ⲧⲟⲕ ⲉⲧϩⲁⲭⲱⲕ
   ⲙⲁⲩⲁⲁⲕ· ⲁⲩⲱ ⲙ̄ⲙ̄ⲛ ⲛ̄ⲥⲱⲕ
   ⲙ̄ⲡⲉⲗⲁⲁⲩ ⲉ̂ⲓ ⲉⲩⲉⲛⲉⲣⲅⲉⲓ· ⲉⲛ
   ⲛⲁⲥⲙⲟⲩ ⲉⲣⲟⲕ ⲛ̄ⲟⲩ· ⲙ̄ⲙⲛ
   ϭⲟⲙ ⲙ̄ⲙⲟⲛ· ⲁⲗⲗⲁ ⲧⲛ̄ϣ̄ⲡ̄ϩⲙⲟⲧ

20 ϩⲱⲥ ⲉⲛⲑⲉⲃⲓⲏⲩ ⲛⲁⲕ· ⲭⲉ ⲁⲕ
   ⲟⲩⲉϩⲥⲁϩⲛⲉ ⲛⲁⲛ ϩⲁ ⲡⲏ ⲉⲧ̄
   ⲥⲟⲧⲡ ⲉⲧ̄ ⲉⲟⲟⲩ ⲛⲁⲕ· ⲕⲁⲧⲁ
   ⲑⲉ ⲉⲧⲉ ⲟⲩⲛ̄ϭⲟⲙ ⲙ̄ⲙⲟⲛ·
   ⲧⲛⲥⲙⲟⲩ ⲉⲣⲟⲕ ⲭⲉ ⲁⲛⲛⲟⲩ

25 ϩⲙ ⲛ̄ⲟⲩⲟⲉⲓϣ ⲛⲓⲙ ⲉⲛⲧ̄ ⲉⲟ
   ⲟⲩ ⲛⲁⲕ· ⲉⲧⲃⲉ ⲡⲁⲓ̈ ⲉⲛⲉⲧ̄
   ⲉⲟⲟⲩ ⲛⲁⲕ ⲭⲉⲕⲁⲁⲥ ⲉⲛⲉⲛⲟⲩ
   ϩⲙ ⲉⲩⲟⲩⲭⲁⲓ̈ ⲛ̄ϣⲁ ⲉⲛⲉϩ·
   ⲁⲛⲥⲙⲟⲩ ⲉⲣⲟⲕ ⲭⲉ ⲟⲩⲛ̄ϣϭⲟⲙ

---

numéro manque — 2 ⲧⲏⲣ[ⲟ]ⲩ: après ⲣ, disparition de la couche vert du pap // ⲉ[ⲧⲣ]ⲉ̣[ⲩ:
ⲉ̣ extr courbe sup et légère marque de l'extr du tr méd, invisible sur fs — 4 avant la lacune
de ± 6 lettres, moitié g d'un ⲟ ou d'un ⲥ? — 8 ⲉⲗⲉⲙⲁⲱⲛ: sous le ⲁ, un ⲟ de la page
suivante a déteint

P. 126

1   Toi, Tu leur as ordonné
    à [tous d'être sauvés] par ta
    par[ole....................]
    [................] (Ô toi qui es)
5   antérieur à soi-même! [Ô Ca]ché °! Ô Bienheureux °
    Sènaôn, engendré
    de soi-mê[me! ......] néou! Me-
    phnéou, Optaôn! Élémaôn,
    la grande Puissance! Émouniar!
10 Nibaréou! Kandèphoré! Aphrèdôn!
    Dèiphaneus! C'est Toi
    Armèdôn pour moi! Ô Engendreur
    de puissance! Thalanathéou! Antithéus!
    C'est Toi qui existes en
15 Toi-même, Toi qui es antérieur à
    Toi-même; et, Toi excepté,
    personne ne s'est mis en activité °.
    Comment pourrions-nous Te bénir?
    Nous n'en avons pas le pouvoir. Cependant °, nous Te rendons
                                                                grâce
20 comme ° prostrés devant Toi. Car Tu
    nous as donné l'ordre, en tant que l'Élu,
    de Te rendre gloire, dans la mesure °
    où cela nous est possible.
    Nous Te bénissons, parce que nous avons été sauvés
25 pour toujours, en Te rendant gloire.
    C'est pourquoi, puissions-nous Te rendre gloire
    afin ° d'être sauvés
    pour un salut éternel.
    Nous T'avons béni parce que cela nous est possible :

30 M̄MON · ANNOY2̄M XE N̄TOK

ΑΚΟΥШϢ N̄ΟΥΟΕ[I]Ϣ NIM ·

ΕΝΕΙΡΕ M̄ΠΑΪ ΤΗΡN̄ [Ε]N̄ΕΙΡ[Ε]

M̄ΠΑΪ ΤΗΡN̄ N̄[Τ]Ε N[± 5   ]

ΑΝ ΕΒΟΛ 2̄ΙΤN̄ [± 8   ]

< P̄KZ >

1   [± 14   ].NN̄[.]

    [± 10   ] . . [± 4   ]

    [± 9   ]ϢN · ΕΝ[± 2]. NM̄

    [± 11   ]ΙΑ · ΠΗ ΕΤΑϤ

5   N[ΟΥ2̄M ± 3] ΑΝΟΝ M̄N NH

ΕΤ[Α]ΥΝΟ[Υ2̄M] ΠΗ ΕΤΝΑΕΙΡΕ

M̄ΠΜΕΕΥΕ [N̄]N̄ΑΪ · ΑΥШ N̄Ϥ†

ΕΟΟΥ N̄ΟΥΟΕΙϢ NIM · ΕϤΕ

ϢШΠΕ N̄ΤΕΛΙΟC 2̄N ΝΙΤΕΛΙΟC

10 ΑΥШ N̄ΝΑΤϢ̄Π M̄ΚΑ2̄ CΑΒΟΛ

N̄2̄ШΒ NIM · XE CΕCΜΟΥ ΤΗ

ΡΟΥ ΕΝΑΪ ΚΑΤΑ ΟΥΑ · ΑΥШ 2̄Ι ΟΥ

ΜΑ · ΑΥШ M̄M̄N̄N̄CΑ ΝΑΪ ΕΥΕΚΑ

ΡШΟΥ · ΑΥШ ΚΑΤΑ ΘΕ N̄ΤΑΥ

15 ΤΟϢΟΥ ϢΑΥΒШΚ Ε2̄ΡΑΪ · Η̄

M̄N̄N̄CΑ ΠΙΚΑΡШϤ ϢΑΥΕΙ ΕΠΕ

CΗΤ ΕΒΟΛ 2̄N †ΜΕ2̄ϢΟΜΤΕ

ϢΑΥCΜΟΥ ΕΤΜΑ2̄CΝΤΕ ·

M̄M̄N̄N̄CΑ ΝΑΪ †2̄ΟΥΕΙΤΕ ·

20 Τ2̄ΙΗ N̄ΒШΚ Ε2̄ΡΑΪ ΠΕ †2̄ΙΗ

ΝΕΙ ΕΠΕCΗΤ · ΕΙΜΕ ΟΥΝ

2̄Α ΝΗ ΕΤΟΝ2̄ XE ΑΤΕΤN̄† ΜΕΕ

ΤΕ · ΑΥШ ΑΤΕΤΝΤCΑΒΕ ΤΗ

ΟΥΤN̄ ΕΝΙΑΤΑΡΗΧΝΟΥ · ΑΡΙ

---

33 N lettre complètement disparue mais tr voc entier

numéro manque — 1 disposition de lettres différentes de celle du fs: [± 8]NN̄ [± 8] —
6 NΟ[Υ2̄M]: N vert g et obl presque entièrement visible, plus difficile à identifier sur fs —
7 M̄ΠΜΕΕΥΕ: Π extr inf vert d // Ε léger tr courbe inf

30   nous avons été sauvés parce que Toi
     Tu l'as toujours voulu.
     C'est ce que nous faisons tous! C'est ce que nous
     [faisons] tous! [...................]
     non par [..........................]

                                    < P. 127 >
1   [...................................]
     [...................................]
     [...................................]
     [...................] Celui qui a
5   [...............] nous et ceux qui
     [............] Celui qui en fera
     mémoire et rendra
     gloire en tout temps, puisse-t-il
     devenir parfait⁰ parmi les parfaits⁰
10   et les impassibles, loin de
     toute chose. Car tous disent ces bénédictions
     individuellement⁰ et en commun.
     Et après cela, ils garderont le silence.
     Puis, selon⁰ la manière qui leur a été fixée,
15   ils vont (lisent) en montant;
     ou bien⁰, après le silence, ils partent en descendant
     de la troisième,
     ils disent la seconde bénédiction,
     et puis, la première.
20   Le chemin pour monter est le chemin pour
     descendre. Sachez donc⁰,
     vous les vivants, que vous avez atteint la fin
     et avez, vous-mêmes, reçu en enseignement
     les Illimités.

25 ϣⲡⲏⲣⲉ ⲛ̄ⲧⲙ̄ⲛⲧⲙⲉ ⲉⲧⲛ̄
ϩⲣⲁⲓ̈ ⲛ̄ϩⲏⲧⲟⲩ ⲙ̄ⲛ ⲡⲓⲟⲩⲱⲛ̄ϩ ⲉⲃⲟⲗ: > > >——
ⲧϣⲟⲙⲧⲉ ⲛ̄ⲥⲧⲏⲗⲏ ⲛ̄ⲧⲉ ⲥⲏⲑ·
ⲡⲉⲓ̈ ϫⲱⲱⲙⲉ ⲡⲁ ⲧⲙ̄ⲛⲧⲉⲓ̈ⲱⲧ
ⲡⲉ ⲡϣⲏⲣⲉ ⲡⲉⲛⲧⲁϥ ⲥⲁϩϥ·
30 ⲥⲙⲟⲩ ⲉⲣⲟⲓ̈ ⲡⲓⲱⲧ ⲧⲥⲙⲟⲩ
ⲉⲣⲟⲕ ⲡⲓⲱⲧ ϩⲛ ⲟⲩⲉⲓⲣⲏⲛⲏ
ϩⲁⲙⲏⲛ

25 Émerveillez-vous de la vérité
    qui est en eux et dans cette révélation.
    Les Trois Stèles° de Seth.
    Ce livre est un bien paternel.
    C'est le fils qui l'a écrit.
30 Bénis-moi, Père! Je te bénis,
    Père, en paix!
                    Amen.

COMMENTAIRE

PREMIÈRE STÈLE
(118,10-121,17)

INCIPIT (118,10-24)

a) *La découverte de Dosithée* (118,10-19)

Cet incipit met en relief les personnages dont la fonction est de garantir l'authenticité de la transmission de la Révélation. Ainsi, Seth est-il présenté comme le père de la lignée des pneumatiques, lui qui, par la suite (118,27) se désignera comme fils d'Adamas, son Intellect-Père. Dosithée n'a pas de relation directe avec le monde plérômatique, il est ici le garant de l'authenticité *séthienne* du traité. En effet, dans le système séthien de quadripartition du temps que reflète la rédaction finale des 3StSeth (cf. Introduction, p. 11), il doit exister un chaînon intermédiaire entre Seth, fils d'Adamas, et les élus (les Séthiens). Ce chaînon qui a pour fonction de garantir la continuité de la tradition entre Seth et ses sectateurs est toujours présenté dans les textes de façon imprécise, car les données historiques manquent. Et pour cause! En revanche, sa fonction symbolique est claire. Pour combler le vide, ce chaînon (un homme ou une race) doit être au départ, au cours et à l'aboutissement de la tradition. Dosithée joue ce rôle: il est celui qui a vu les Stèles et les a mémorisées pour les transmettre à leurs destinataires ultimes, les élus. Comme on le voit, la place qu'il occupe dans le prologue des 3StSeth est toute de circonstance, il ne sera plus question de lui dans la suite, même pas dans le *colophon*. Placé entre Seth et les élus, il a pour fonction mythique de mettre ces derniers en relation avec les êtres plérômatiques par l'intermédiaire des Stèles. Cette fonction aura permis l'identification tacite de Dosithée avec le fondateur légendaire de la Gnose samaritaine[1].

---

[1] Voir ÉPIPHANE, *Panarion*, X,1,1-4. M. Tardieu voit dans cette utilisation du nom de Dosithée «la permanence, dans les milieux de la gnose séthienne, de la haute autorité dont jouissait le fondateur légendaire de la gnose. Elle confirme enfin l'assertion des catalogues d'hérésies, classant les Dosithéens parmi les sectes samaritaines... », M. TARDIEU, «Les Trois Stèles de Seth», *RSPT* 57 (1973) 551.

118,10-13a: «La Révélation par Dosithée des Trois Stèles de Seth, Père de la race vivante et inébranlable».

Ce titre qui apparaît composite semble refléter, en accord avec notre hypothèse rédactionnelle, la double rédaction qu'a subie le texte et dont le double N̄ΤЄ serait la trace[2].

Seth est présenté comme l'origine de la lignée des élus. Cette race des vivants, en opposition à la race de ceux qui vivent dans la *déficience*, rassemble les élus qui ont été illuminés et sauvés (125,11-17). Ils sont déclarés *inébranlables*, au sens de *stables*, terme courant dans l'hermétisme. En effet, dans le courant hermétiste, la vision en intellect rend le fidèle «inébranlable de par Dieu»; il est habité par les puissances et, régénéré, il vit dans le repos et l'action de grâces, état de stabilité de l'homme parfait[3].

118, 13b-17: «Ces (Stèles) qu'il a vues, il en a pris connaissance; et, les ayant lues, il en a gardé mémoire et les a transmises aux élus, sous la forme que voici»[4].

La découverte de Dosithée met un terme au temps de l'*ignorance* et inaugure l'ère nouvelle de la Gnose[5]. Selon certaines traditions, l'initié qui recevait une révélation la gravait sur des pierres ou des stèles de terre cuite ou de métal[6], puis les cachait jusqu'aux temps où ceux qui recherchent la doctrine céleste les découvriraient. Seth a dû se conformer

---

[2] A. BOEHLIG, F. WISSE, aux prises avec un problème semblable dans l'*incipit* de l'EvEgypt, pensent que le premier N̄ΤЄ introduit l'auteur mythologique dont le nom est associé au traité, et le second, l'objet principal du livre. Cf. *The Gospel of the Egyptian* (*NHS* 4), Leyde, 1975, p. 20. Comme nous l'avons déjà dit dans notre hypothèse rédactionnelle, il s'agit, en ce qui concerne les 3StSeth, d'un problème de relecture. J. M. ROBINSON traduit: «The Revelation of Dositheus about the Three Steles», sans explication, in *The Nag Hammadi Library in English*, éd. J. M. ROBINSON, San Francisco, 1977, p. 363.

[3] A. D. NOCK, A.-J. FESTUGIÈRE, *Corpus Hermeticum*, Paris, 1945, *CH.*, I,26ss; IX,10; X,6; XII,13.19; *Ascl.*, 41. Voir également *CH.*, XIII,11, p. 214, note 51; on y trouvera des références à Philon.

[4] À noter le style syncopé du passage qui rappelle *Stob.*, XXIII,5(16-18): «Il vit l'ensemble des choses; et, ayant vu, il comprit; et ayant compris, il eut puissance de révéler et de montrer».

[5] Cf. A.-J. FESTUGIÈRE, Introduction aux *Fragments extraits de Stobée*, p. CLII-CLIV; l'auteur voit là une caractéristique de l'hermétisme.

[6] La coutume voulait que celui qui avait été gratifié d'une révélation la grave sur des pierres et la cache pour que les générations à venir la recherchent et trouvent la vérité, cf. OgdEnn, 61,28-30; *Stob.*, XXIII,18-20.

à cette coutume et Dosithée qui découvre les Trois Stèles est institué, par là même, successeur légitime de Seth et atteste la transmission fidèle de cette révélation [7].

ⲁϥⲣ̄ ⲡⲉⲩⲙⲉⲉⲩⲉ, garder mémoire, rend le verbe grec ὑπομνηματίσατο. Justin, dans la Ière *Apologie* (66,3-67,3), appelle les évangélistes des ὑπομνηματισταί, c'est-à-dire des *commentateurs*, et les apôtres ont écrit des ὑπομνήματα, des *memoranda*, en tant qu'annalistes du Seigneur.

118,18-19 : «...comme elles étaient écrites dans ce lieu-là ».

Cette expression vague désigne le lieu secret où Seth déposa ses Stèles et les tint cachées jusqu'à leur découverte par Dosithée qui devait les communiquer aux élus [8].

b) *La «dignatio de Seth»* (118,20-23)

Dans ce texte à la première personne, Seth rappelle les extases au cours desquelles il a été initié aux mystères du Plérôme. Ses expériences mystiques lui confèrent la dignité de voyant et de chantre des Grandeurs divines.

118,20-23 : «Bien souvent, j'ai été associé aux Puissances pour rendre gloire, et j'ai été, par elles, reconnu digne des Grandeurs incommensurables».

Ce passage, de saveur hermétiste, reçoit sa pleine signification par comparaison avec un texte du *Poimandrès* sur la divinisation de l'âme. Dans un contexte eschatologique, Poimandrès montre à Hermès comment se fait l'ascension de l'âme. Après la dissolution du corps et la remontée à travers les sphères planétaires, l'âme est divinisée. Ayant atteint l'Ogdoade, elle est admise parmi les Puissances et «chante avec les Êtres des hymnes au Père» [9]. Devenue puissance à son tour, elle entre en Dieu. Et Hermès, témoin de ces choses, reçoit de Poimandrès la mission de prêcher aux hommes la voie du salut. Peut-être, Seth fut-il initié de la

[7] Cf. aussi *Stob.*, XXIII,6 ad finem.
[8] Généralement ce *lieu-là* désigne une montagne, la montagne de *Séir* (ou *Syr*) dans l'ApocrJn, le *Kharaxiô* dans l'EvEgypt ou une *montagne sainte* comme en *CH.*, XIII,1, par exemple.
[9] *CH.*, I,24-26.30.

même manière aux secrets du Plérôme : association aux Puissances et vision des Grandeurs. Devenu digne, il accède à la fonction de prophète.

Ces Puissances auxquelles Seth est associé désignent les êtres-attributs par qui la divinité opère[10]. Julien l'Empereur, par exemple, dans son *Hymne au Soleil*, les présente comme des dieux unis naturellement à *Hélios* et formant sa nature une et multiple à la fois : une dans sa substance mais multiple dans ses opérations ; de là provient sa polyonymie[11]. D'autre part, les 3StSeth introduisent une distinction entre les *Puissances* et la *Puissance* ; les premières désignent les êtres-attributs dont la fonction est de rendre gloire, et la seconde est comprise comme une énergie issue du Père qui habilite à l'intellection (120,31-32 ; 122,19-123,2 ; 123,33). Par l'association aux Puissances, l'initié devient capable de rendre gloire à la divinité et jouit de la vision suprême. Ainsi, Marsanès en extase se joint aux Puissances du Plérôme pour glorifier l'Un[12] ; en OgdEnn[13], Tat voit dans une extase les âmes et les anges adresser leurs hymnes à l'Ennéade et à ses Puissances. C'est donc dire que, dans tous ces cas, puissance et illumination vont de pair et habilitent à la vision intellective[14].

Les Grandeurs, dans les 3StSeth, désignent explicitement l'Autogène (119,15) et Barbélo (121,20). Cependant, dans certains textes de Nag-Hammadi[15], ⲙⲚⲧⲚⲟ6 ou ⲙⲉⲅⲉⲑⲟⲥ désignent généralement la déité suprême ; et, ici, l'adjectif ⲁⲧⲧⲱⲓ qui traduit le grec ἀμέτρητος ou ἄμετρος attribué communément aux êtres divins renforce la désignation de ⲙⲚⲧⲚⲟ6. On peut donc penser que les Grandeurs désignent également l'Inengendré[16].

118,24 : « Or c'est ainsi qu'elles se présentent ».

---

[10] Cf. A.-J. FESTUGIÈRE, *La Révélation...*, III : *Les doctrines de l'âme*, Paris 1953, p. 153-174, étudie le problème des puissances.

[11] A.-J. FESTUGIÈRE, *o.c.*, p. 158-161.

[12] Mar, 8,1-12.

[13] OgdEnn, 59,29-32.

[14] Cf. J.-P. MAHÉ, *Hermès en Haute-Égypte*, (BCNH, Section : « Textes », 3), Québec, 1978, OgdEnn, 57,27-30 ; voir *CH.*, XIII,32(21).

[15] Cf. par ex., AcPil2Ap, *passim* ; GrSeth, 49,10 et *passim*. Le terme de *Grand* n'a pas été utilisé dans les 3StSeth pour désigner l'Esprit Inengendré, mais en EvEgypt 49,10, il est appelé « le Grand Esprit Invisible ».

[16] Cf. Y. JANSSENS, *La Prôtennoia Trimorphe*, (*BCNH*, Section : « Textes », 4) Québec, 1978, commentaire de 35,9, p. 59.

Cette phrase ⲉⲩϣⲟⲟⲡ ⲇⲉ ⲛ̄ϯ϶ⲉ peut appartenir ou à la première rédaction ou à la seconde. Dans le premier cas, elle sert à présenter les Grandeurs, c'est-à-dire les trois hypostases auxquelles l'hymne est consacré. Selon la seconde hypothèse, l'auteur se serait servi de cette phrase-crochet pour introduire sa tripartition de l'hymne; en effet, le parallélisme entre ce passage et l'*incipit* de la deuxième rédaction (118,17-19) semble corroborer cette hypothèse. Dans ce cas, ⲉⲩϣⲟⲟⲡ ⲇⲉ ⲛ̄ϯ϶ⲉ désignerait les Stèles et non plus les Grandeurs.

Prière de Seth à Adamas (118,25b-119,15)

Par sa forme et par ses thèmes, cette bénédiction est apparentée aux prières hermétistes[17] que le fidèle récitait pour recevoir la régénération ou après l'avoir reçue. L'auteur la met dans la bouche de Seth qui bénit Adamas de l'avoir engendré sans le mettre au monde et de lui avoir donné part à la divinité[18].

En Égypte, dès la plus haute Antiquité[19], la transmission du *logos* d'enseignement se faisait de père en fils, comme dans l'éducation naturelle. En effet, seul le fils avait droit à la révélation intégrale des mystères et son père lui imposait le silence sur la vérité dévoilée[20]. Dans l'hermétisme, par exemple, Hermès donne à Tat le nom de fils, non seulement parce qu'il est effectivement son père mais surtout parce qu'il a été son maître de sagesse[21]; Seth, pour les mêmes raisons, donne le nom de Père à Adamas car il a non seulement reçu de lui la vie charnelle, mais surtout il a été, par lui, initié aux mystères du Plérôme; il a été ainsi engendré dans l'incorruptibilité, hors du temps[22]. Donc, plus que la génération charnelle, c'est l'engendrement spirituel, éternel, qui s'opère par l'Intellect dans la communication du *logos* d'enseignement. C'est pourquoi Seth appelle Adamas *mon Intellect, mon Père*.

---

[17] Cf. *CH.*, I,31-32; V,10-11; XIII,16-20. Voir aussi J.-P. Mahé, *o.c.*, p. 38-47; 146-155.

[18] En *CH.*, I,32, l'initié dit: «Oui, j'ai la foi et je rends témoignage: je vais à la vie et à la lumière». Seth, dans son eulogie, va pareillement rendre témoignage à la vie et à la lumière.

[19] Cf. A.-J. Festugière, *La Révélation...*, I, p. 350-354.

[20] *CH.*, XIII,1-3.16.

[21] A.-J. Festugière, *o.c.*, I, p. 353.

[22] L'expression ϩⲛ ⲟⲩ ⲙⲛⲧⲁⲧⲙⲓⲥⲉ traduit le grec ἀγεννησία, *le fait* de «n'être pas créé»; par exemple, *Stob.*, IX,2 dit: «Pour la matière donc, le «n'être pas créé» (ἀγεννησία), c'était le «n'être pas formé...». Il s'agit donc de l'engendrement hors de tout devenir, sans mouvement, donc sans mise au monde.

118,25-26 : «Je te bénis, Père Ger-Adama ...»

ⲥⲙⲟⲩ traduit ici ὑμνεῖν, au sens de «bénir», «adresser un hymne». La coutume voulait qu'on adressât un hymne d'action de grâces au Père après la régénération[23]. Adamas reçoit ainsi les hommages de Seth, en tant qu'engendreur et archétype de la lignée des sauvés. Il est appelé ici *Ger-Adama*[24]. L'affixe ⲅⲉⲣ peut signifier soit l'ancêtre, γέρων (M. Tardieu, A. Böhlig), ou alors plus vraisemblablement, l'*étranger*, גֵּר (H. Jackson), celui qui est d'une *autre race* (ἀλλογενής/ⲕⲉⲅⲉⲛⲟⲥ), comme le nomme les 3StSeth. Solution d'autant plus acceptable que 118,26ss et 120,1ss semblent provenir du même second rédacteur.

118,27 : «... moi qui suis ton propre fils, Emmacha Seth...»

ⲁⲛⲟⲕ, un pronom personnel que renforce la particule ⲍⲁ (= ἅτε ou ὡς); bien que l'emploi de ⲍⲁ pour introduire une apposition soit peu attesté en sahidique[25], ici il s'impose.

ⲡⲉⲧⲉ ⲡⲱⲕ ⲛ̄ϣⲏⲣⲉ traduisant le grec ὁ ἴδιος υἱος, est une expression technique qui signifie celui qui appartient à la divinité[26]. Seth se définit ainsi comme étant davantage de la lignée spirituelle d'Adamas que de la simple descendance charnelle.

L'expression «Emmacha Seth» qu'on rencontre aussi sous les formes Machar Seth et Héli Machar Seth demeure inexpliquée[27].

[23] En OgdEnn, 60,4-6.8-9, Hermès explique au disciple qu'après la vision, «il convient d'adresser des hymnes au Père, jusqu'au jour de quitter ce corps...Puisque tu as atteint le repos, vaque à l'action de grâces».

[24] ⲡⲓⲅⲉⲣⲁⲇⲁⲙⲁ : Schenke y voit une déformation de ⲡϩⲓⲉⲣⲁⲇⲁⲙⲁⲥ, l'*Adamas saint*, titre que l'on retrouve dans l'EcrsT, 108,23 (ⲁⲇⲁⲙⲁ ⲉⲧⲟⲩⲁⲁⲃ). A. Boehlig préfère, quant à lui, faire de ⲅⲉⲣ- une forme dérivée de γέρων (*ancien*) et traduire par *Ur-Adamas*. Selon A. F. J. Klijn, le mot dériverait de l'araméen ou du syriaque et signifierait «*celui qui est corporel*», voir *Seth in Jewish, Christian and Gnostic Literature*, p. 105, note 137. Cependant, dans un article récent, H. M. Jackson apporte une solution assez vraisemblable à ce problème. ⲅⲉⲣ, selon lui, tirerait son origine du phénicien ou du punique. Ainsi «the name Geradama was coined by some group familiar with the Phoenician and Punic names of this type, but for whom the element גֵּר in the name retained the force of Hebrew in its primal sense "stranger" », H. M. Jackson, «Geradamas, the celestial stranger», *NTS* 27 (1981) 385-394.

[25] Crum signale cette particule comme un *hapax legomenon* (629a) et Stern reconnaît son emploi surtout en bohaïrique, § 483.

[26] Cf. J.-P. Mahé, *o.c.*, p. 101; voir aussi *CH.*, I,31. Pour la valeur grammaticale de l'expression, se référer à Crum 261a et à Stern § 251.

[27] Cf. Zost, 6,25; 51,14-15; EvEgypt, (III) 62,2-4; 65,9.

118,28-30 : « (Celui) que tu as engendré sans le mettre au monde pour la louange de notre Dieu ».

Selon la tradition hermétiste dont tout ce contexte semble être proche, *engendrer sans le mettre dans le monde* signifie l'engendrement éternel qui ne se produit pas suivant un mode créé[28]. Seth aussi a été engendré mais sans avoir quitté le sein de Geradama pour être mis dans l'Engendré. Dans les milieux gnostiques, en effet, le Plérôme, comme le Monde des Idées de Platon, constitue le lieu de l'existence réelle où tous les êtres existent dans la pureté de leur nature. Tout ce contexte est sous-tendu par l'opposition entre la génération spirituelle qui vit dans la non-corruption, et la génération charnelle qui habite l'Engendré. Par la naissance spirituelle, l'élu est voué désormais à la louange divine, sa vie devient une action de grâces permanente, et il reste à demeure dans le Νοῦς du Père.

118,30-119,1 : «Car je suis ton propre fils et Tu es mon Intellect, mon Père».

Adamas qui a illuminé Seth est l'auteur de sa régénération. Cette explication s'éclaire par comparaison avec *CH*, I, 6. Poimandrès explique comment la lumière qui habite l'initié s'identifie au Verbe issu du *Noûs-Père* : «ce qui en toi regarde et entend, c'est le Verbe du Seigneur, et ton *Noûs* est le Dieu Père : ils ne sont pas séparés l'un de l'autre, c'est leur réunion qui est la vie». Ainsi le *Noûs-Père* et le Verbe habitent à la fois dans le monde céleste et dans l'initié[29], car la vision ou intellection assimile et identifie.

---

[28] Cf. *Stob.*, IX,2 ad finem. ⲙⲓⲥⲉ traduit τίκτειν (Crum 184b), c'est-à-dire *mettre au monde*, dans l'Engendré et ⲭⲡⲟ (causatif de ϣⲱⲡⲉ), *engendrer, faire être*. La meilleure explication de l'expression «être engendré sans être mis au monde», nous est proposée par la lecture que donne l'ensemble des manuscrits grecs de Jn 1,13 : οἵ οὐκ ἐξ αἱμάτων οὐδὲ ἐκ θελήματος σαρκὸς οὐδὲ ἐκ θελήματος ἀνδρὸς ἀλλ᾽ ἐκ θεοῦ ἐγεννήθησαν. C'est-à-dire ceux-là sont *engendrés sans être mis au monde* qui «ne sont pas nés de sang, ni d'un vouloir de chair, ni d'un vouloir d'homme, mais de Dieu». Il s'agit donc de l'enfantement spirituel des élus. On comprend alors Nor, 27,25-28,11 : Noréa reçoit le *Noûs* «pour se reposer dans l'Autogène divin, s'engendrer elle-même (ⲭⲡⲟ)», se joindre à tous les impérissables et demeurer dans le *Noûs* du Père. M. ROBERGE, *Noréa*, p. 161.

[29] Cf. Nor, 27,25 et 29,4-5 : Noréa, la νόησις, s'unit à Adamas-*Noûs* pour reconstituer l'Homme intérieur qui préfigure et réalise archétypiquement l'expérience du spirituel en quête du salut.

119,2-4 : « Et quant à moi, j'ai ensemencé et j'ai engendré, mais toi, tu as vu les Grandeurs … »

Le verbe ϫⲟ traduisant σπείρειν (Crum 752a) exprime l'action du mâle dans l'acte de génération, tandis que ϫⲡⲟ qui se dit du mâle ou de la femelle traduit surtout l'idée de «procréer», «engendrer». Le texte semble établir une distinction dans la manière dont Seth et Adamas sont à l'origine de la race vivante et inébranlable : Seth, comme père de la race terrestre des élus, se définit comme androgyne, l'androgynie étant le symbole de la perfection et de l'unité, tandis qu'Adamas, parce qu'il *a vu les Grandeurs*, est défini comme principe céleste de cette race ; aussi est-il appelé *Intellect dressé*, c'est-à-dire manifestation du Père à Seth par illumination intellective.

Le parfait ⲁⲕⲁϩⲉⲣⲁⲧⲕ̅ traduit le grec ἕστηκα avec un sens de parfait-présent : tu es établi dans la stabilité ; c'est là le sens fort de ἑστώς par lequel se désignait Simon le Mage. ⲁⲧⲱϫⲛ̅ complète le sens de ⲁⲕⲁϩⲉⲣⲁⲧⲕ̅ : dressé parce qu'impérissable. Il faut donc mettre en relation de causalité la paternité de Seth et son fondement plérômatique, Adamas comme *Noûs dressé*.

119,5-9 : «Je te bénis, Père ; bénis-moi, Père. C'est à cause de toi que je suis, à cause de Dieu, tu es ; à cause de toi, je suis proche de lui».

Tout un système de médiation est mis en place sur la base de l'intellection : Adamas a vu la Divinité, les Grandeurs, il devient Intellect dressé et engendre Seth ; il est le médiateur entre la divinité et Seth. Ce dernier qui a reçu l'intellection joue le rôle de médiateur entre Adamas et les élus dont il est le père. Par Adamas, donc, Seth et toute la race des pneumatiques sont appelés à l'assimilation divine.

119,9-11 : «Tu es Lumière voyant la Lumière, tu as manifesté les lumières».

La Lumière fondamentalement s'identifie au Père, principe de toute illumination ; c'est de lui que découle toute l'économie de l'intellection : Barbélo sera appelée Lumière issue de Lumière (122,3-4), mais Adamas qui a vu les Grandeurs sera décrit comme *Lumière-voyant-la lumière* et sa fonction conséquente consistera à manifester les lumières, faire participer les élus à l'intellection.

119,11-15a : «Tu es Mirôthéas, tu es mon Mirôthéos. Je te bénis comme un dieu, je bénis ta divinité».

Outre ces deux formes, on trouve également *Mirothoé* et *Mirothéa*[30]. Tous les contextes où ces noms sont employés sont théogoniques et l'entité divine désignée remplit la fonction de manifestation; par exemple, dans la PrôTri, Mirothéa s'identifie à la Vierge-lumière et à la Perfection du Tout[31]. Aussi, ces différentes appellations seraient-elles à rapprocher de la racine grecque μείρομαι au sens de *donner ou recevoir en partage*, en composition avec θεός ou θέας (de θεᾶσις, contemplation). Ces titres exprimeraient ici les deux aspects de la fonction médiatrice d'Adamas : *Mirôthéas*, car il donne part à la contemplation par le don de l'intellect, *Mirôthéos*, puisqu'en tant que manifestation divine, il est une part de Dieu. C'est pourquoi, il sera par analogie, *Dieu*, en tant que manifestation de la déité suprême et c'est comme tel que Seth le bénit.

L'Hymne à l'Autogène

(119,15b-121,16, Ier rédacteur)

Selon notre hypothèse rédactionnelle, ici commence l'hymne à la première Hypostase, divisé en trois parties (cf. Introduction p. 9ss) : 1) l'invocation de l'Autogène (119,15-18); 2) la louange de sa puissance (119,18-121,1); 3) la prière finale (121,2-16).

L'Autogène est la troisième hypostase de la triade qu'il constitue avec l'Esprit Inengendré et Barbélo; il y occupe la place du fils et opère à la jonction du monde d'en-haut et du monde d'en-bas. En vertu du *principe de récapitulation*[32], il tient sa nature de l'Inengendré et de Barbélo, et a pour fonction d'actualiser ces hypostases. Aussi est-il présenté comme le *Dieu dressé*, c'est-à-dire Manifestation subsistante, dont le rôle est de rendre manifestes toutes les virtualités devant émaner du Principe suprême[33]. Cette fonction s'identifie ultérieurement à l'acte créateur,

---

[30] Cf. EvEgypt, (III) 49,4; Zost, 30,14. Pour A. Boehlig et F. Wisse, il y aurait allusion à la déesse *Moïra*.

[31] Cf. PrôTri, 38,13-15; 45,9-10.

[32] Voir Introduction, p. 30.

[33] Sur les relations entre Adamas et l'Autogène, se reporter à l'*Hypothèse rédactionnelle*, p. 11.

non au niveau de l'existant sensible mais à celui des êtres éternels du Plérôme. Ainsi il reçoit les attributs de *Grand*, de *Bon*, liés à sa fonction de manifestation, et l'appellation de *Dieu* (ou de Divinité) lui convient en propre (118,30; 119,7).

I. INVOCATION DE L'AUTOGÈNE

(119,15-18a)

119, 15-16: «Grand est le Bon Autogène dressé!»

L'Autogène est *grand*, au sens de puissant (μεγάς), qualification souvent attribuée aux dieux[34], à Zeus, Déméter, Cybèle, Hermès, aux divinités égyptiennes, sans qu'il faille trop en presser le sens. Il est appelé *Bon*, par participation à l'Inengendré qui est *Créateur de Bien* (124,32). Il assure la fonction de manifestation («dressé») comme un chaînon important; sans cela, l'impossibilité théologique de voir ou de nommer le Père dans sa transcendance rendrait difficile tout discours à l'intérieur de ce système. Aussi l'appellation de *Bon* connote-t-elle l'idée de création et de providence (124,31-33). Dans la littérature de l'époque, la *bonté* était liée à la fonction de créer: chez Numénius, par exemple, «le premier Dieu est Bien en soi, son imitation, le Démiurge, est bon»[35]; dans le *Corpus hermeticum*, les passages abondent où la divinité est dite *bonne* parce qu'elle crée toutes choses ou parce que le Bien est créateur[36].

Le vocable *Autogène* se rencontre sous deux formes dans les textes de Nag Hammadi, soit sous la forme grecque αὐτογενής ou αὐτογέννητος, soit sous la périphrase copte *celui qui est né de lui-même*, ⲉⲧⲁϥϫⲡⲟ ⲉⲃⲟⲗ ⲙ̄ⲙⲟϥ ⲟⲩⲁⲁϥ (126,6-7). Le mot n'existe pas chez Plotin qui nie toute espèce de préexistence au sein de l'Un; le seul mode d'autogénération qu'il admet consiste surtout dans la conversion de l'Intellect vers l'Un[37]. Par contre, ce terme se retrouve dans l'*Histoire Philosophique* de Porphyre et dans les *Oracles Chaldaïques* et signifie ce

[34] Cf. LIDDELL et SCOTT, 1088b; voir MAHÉ, *o.c.*, p. 2.
[35] NUMENIUS, *Fragments*, éd. DES PLACES (*Collection des Universités de France*), Paris, 1973, fr. 16.
[36] Cf. *CH.*, II,15,8-11; V,11,5: ἀγαθὸς δέ καὶ πάντα ποιῶν; X,3,7: τὸ γὰρ ἀγαθὸν ἐστι τὸ ποιητικόν; chez PLOTIN, cf. *Enn.*, V 5,1 (12-13); VI 7,16-24, etc.
[37] Par exemple, *Enn.*, VI 7,17(12ss).

mode de génération qui se produit hors du temps, sans mouvement ni altération de l'engendrant. Ainsi, de l'autogénération de l'Intellect, Porphyre dira: «...c'est l'Intellect lui-même qui s'est avancé, en s'engendrant lui-même, hors de Dieu, et ceci, sans commencement temporel, car le temps n'était pas encore»[38].

119,17-18a : «Ô Dieu qui fut le premier dressé!»

L'Autogène est le *Dieu premier dressé*, attribution qui met le mieux en relief sa transcendance[39]. Il est, en haut, dans le monde plérômatique, le Dieu debout qui a émané de l'Inengendré; il est le médiateur dans le *Milieu* et il vient en bas, dans l'Engendré, pour manifester le salut. Sa médiation repose sur sa double fonction *voir-manifester*. Notons, par ailleurs, que dans ApocrJn, l'expression *être dressé* est synonyme de *premier révélé*[40]; dans le *Logion* 50 de l'EvTh, il est dit que la lumière «s'est dressée et s'est révélée»[41]; dans *Noréa*, Adamas est à la fois *Noûs dressé* et *Logos*, manifestation globale du Plérôme[42]. Tous ces lieux parallèles convergent et invitent à donner à «être dressé» un sens fort, celui de manifester la Transcendance.

II. LA LOUANGE DE LA PUISSANCE

(119,18b-121,1)

La puissance de l'Autogène s'exerce grâce à sa fonction de manifestation qui est universelle. Elle embrasse le Tout: le monde plérômatique et le monde terrestre et aussi l'Histoire qui est histoire du Salut. Cette puissance ne s'explique pas d'elle-même; elle est fondée sur l'Inengendré qui est à l'origine de la médiation universelle. Aussi l'Autogène, en tant

---

[38] PORPHYRE, *Histoire philosophique*, XVIII, p. 15,2 cité par P. HADOT, *Porphyre et Victorinus*, I, p. 275.

[39] Dosithée et Simon s'appelaient ἑστώς; cf. *Les Homélies pseudo-clémentines*, II,22ss; *Recognitiones*, II,7ss; tout le *Quod Deus sit immutabilis* de Philon veut montrer que le Dieu de l'Ancien Testament, lui-même un ἑστώς, rend fermes et inébranlables, par participation, Abraham (Gn., 18,22) ou Moïse (Dt., 5,31; He., 11,27) qui s'approchent de lui et qui l'ont vu.

[40] Cf. ApocrJn (I),8,30.

[41] H.-Ch. PUECH rapproche ce texte du *Logion* 28 du même évangile, selon le texte grec attesté par le Pap. Oxyrrh. I: «Je me suis dressé, tenu debout au milieu du monde et je me suis révélé à eux dans la chair», cf. *En quête de la Gnose*, II, p. 167.

[42] Nor, 27,17-20,25.

que Dieu dressé, est-il présenté ici comme la récapitulation du Père Inengendré.

1. *L'Autogène est manifestation du monde d'en-haut* (119,18b-30)

119,18b-20a : « Tu es venu par bonté, tu t'es manifesté et tu t'es manifesté par bonté».

L'Autogène, en tant que Manifestation subsistante, remplit une fonction spécifique dans la Triade. L'Un-Inengendré étant invisible et indicible (125,26-27; 126,18-19) et Barbélo ne préexistant que dans l'intimité de l'Un (elle est son *Ennoïa*), il fallait donc, d'une façon ou d'une autre, rendre connaissable le mystère de l'intimité divine. C'est l'Autogène qui assume ce rôle: il constitue en soi le déploiement des êtres, d'en haut jusqu'en bas (cf. 122,31-33?). En vertu de sa nature propre, il assure une mission de médiation auprès du monde d'en-bas, mission qui consiste à rendre manifestes les réalités plérômatiques. Cette œuvre rend évidente la bonté du Père qui a voulu se faire connaître.

119,20b-22 : « Je proclamerai ton Nom : tu es le premier Nom, tu es un Inengendré ».

Depuis le début, le *Je* s'identifie à Seth. En conséquence de son illumination, il a reçu le pouvoir (et peut-être aussi, la mission) de proclamer le Nom divin. Ainsi, s'adressant à l'Autogène, il l'appelle *premier Nom* et *Inengendré*. Pour éclairer le sens de ce passage, il peut être utile de le rapprocher de l'EvVer, 38,6-40,29, sur le *Logos*, Nom du Père[43]. Tout ce texte met en relation le Nom avec le Père et le Fils : «Il a le Nom, il a le Fils... Le Nom du Père n'est pas énoncé, il est manifesté par le fils. C'est ainsi que le Nom est grand... Le Père est inengendré». Le Nom est donc, avant tout, Nom du Père invisible, ineffable, mais appartenant au monde d'en-haut et non à celui de l'Engendré, il est manifesté par le Fils, fonction essentielle qui fait de lui le Nom du Père[44].

[43] En OgdEnn, 57,15-18, il est dit: «La génération de Celui-qui-s'engendre-lui-même se produit par toi, génération de tous les êtres engendrés». Ce passage appliqué à notre texte signifierait peut-être que la manifestation de l'Autogène se confond avec la production de l'Engendré; en effet, dans cette Iᵉ Stèle, voir = être, manifester ou faire être; cf. 119,3-4,9-11,25-27.
[44] Cf. J. É. MÉNARD, *L'Évangile de Vérité*, Paris, 1962, f. XIXv-XXv, p. 75-77; *Id.*, «Les élucubrations de l'Evangelium Veritatis sur le "Nom"», *SMR* 5 (1962), p. 185-214; et J.-D. DUBOIS, «Le contexte judaïque du "Nom"», *RThPh* 24 (1974), 198-216; on y trouvera de nombreuses références sur la question.

Ici encore se trouve appliqué le principe de récapitulation : l'Autogène étant la manifestation du Père reçoit de là ses attributs essentiels de *Nom* et d'*Inengendré*.

119,22-27 : « Toi, tu t'es manifesté afin de manifester les (êtres) éternels. Toi, tu es l'Existant, aussi as-tu manifesté les vrais existants ».

La manifestation de l'Autogène a pour objet global les *êtres éternels*, c'est-à-dire les réalités plérômatiques qui tirent leur origine de l'Inengendré (124,22) mais sont engendrées par Barbélo (122,6-7 ; 123,8-9). Dans ce rôle, la troisième hypostase est appelée l'*Existant* (ou *Celui qui est*), nom réservé d'ordinaire au Père (124,19-20)[45] ; cette appropriation s'explique à partir de l'idée que l'Autogène, en tant qu'expression du Père, manifeste dans le monde terrestre, les archétypes plérômatiques.

ΝΙΟΝΤШС ΕΤШООΠ, les *vrais existants*, cette tournure assez rare dans les textes de Nag Hammadi vient directement du platonisme ; chez Marius Victorinus, le *Véritablement Étant* désigne l'Un[46] sous son mode universel, comme totalité des *véritablement existants* ; ces derniers constituent le monde intelligible, celui des idées platoniciennes. Donc, ce que l'Autogène manifeste comme existant, ce sont les essences, les archétypes de toutes les réalités dont se trouve constitué l'Engendré.

119,27-30a : « Toi qui es une Parole (proclamée) par la Voix, c'est par l'intellect que tu es glorifié ».

La troisième hypostase est identifiée au *Logos* qui est né de la Voix, il en émane sous la forme d'une proclamation. Selon la PrôTri, la Voix qui proclame émane de la Hauteur, c'est-à-dire de l'Incorruptible, se confond avec Barbélo, la Pensée du Père. Cette émanation a pour but de manifester les infinis et les choses cachées aux sauvés, c'est-à-dire à des parfaits à titre individuel appelés encore les Fils de la Lumière[47]. Une fois enseignés, ils entreront dans la Lumière parfaite et seront « glorifiés

[45] 1ApocJac, 24,10ss et passim ; ExpVal, 22,18 identifie l'Existant au Père, Racine du Tout, comme Allog. 54,31-35 à l'Ineffable ; mais PrôTri, 38,24ss appelle l'Existant le Fils parfait de Dieu.
[46] Cf. *Adversus Arium*, I,49,36-37, p. 283 (P. HADOT) : « ... (l'Un) est, sous un mode absolument universel, le *véritablement existant*, étant lui-même la totalité des véritablement existants... ».
[47] Cf. PrôTri, 37,4-11,19-20.

par ceux qui glorifient»[48]. Ainsi nous comprenons en quel sens l'Autogène est glorifié par l'intellect : ceux qui l'ont reçu en manifestation, étant formés κατὰ γνῶσιν et (re)devenus intellect, rendent gloire à leur Sauveur[49].

2. *Médiation de l'Autogène* (119,30-121,1)

Toute la première section du texte qui va de 119,30 à 120,16 pose un problème de critique littéraire qu'il importe d'étudier pour rendre possible le commentaire. Ce texte fait état de la médiation universelle de l'Autogène et étend cette médiation à l'histoire selon le schéma séthien de quadripartition des races (Schenke). Mais, en suivant notre hypothèse rédactionnelle, qu'est-ce qui appartient à la première rédaction? Qu'est-ce qui est commentaire ou glose du second rédacteur?

Si nous affirmons que 119,30-34 appartient à la première rédaction, dans ce cas, la suite serait un commentaire sur 119,32-34: «... le monde sensible te connaît par toi-même et par ta semence».

Dans l'hypothèse où la première rédaction comprendrait également 119,34-120,5, on devra en conséquence admettre que la quadripartition des races était déjà présente dans la première version des 3StSeth. Dans ce cas, 120,5-15a apparaîtra comme un commentaire (2ᵉ rédacteur); mais alors, comment expliquer 120,16ss: *Je bénis sa puissance*... qui semble être un commentaire de ce qui précède (120,15b)? Ou bien encore, on pourrait supposer que 119,34-120,15 provient du 2ᵉ rédacteur; dans ce cas, il faudra lui rattacher 120,16-26 comme un commentaire. Il y aurait des indices rédactionnels en faveur de cette hypothèse: a) *Tu es une part de Dieu* (120,15b) reprend une expression de l'hymne à Adamas, qui est du 2ᵉ rédacteur; b) le résumé mythologique de 120,16-26 fait intervenir une organisation plérômatique différente ou, au moins, plus élaborée.

Tout cela semble difficile à trancher! Adoptons une solution pratique qui permette un commentaire équilibré et qui n'entre pas en contradiction avec les problèmes soulevés.

---

[48] *Ibid.*, 45,12-15.
[49] *Ibid.*, 38,20-30.

Présentons ainsi l'hypothèse de découpage du commentaire:

    a) l'Autogène médiateur dans l'histoire: 119,30-34a;
    b) médiation au moyen des quatre races: 119,34b-120,5a;
    c) commentaire exégétique sur la quadripartition des races: 120,5b-15a;
    d) l'Inengendré, origine de la médiation et du salut: 120,15b-26a;
    e) mission de l'Autogène: 120,26b-28;
    f) l'Autogène Sauveur: 120,29-121,1.

a) *Médiation dans l'Histoire* (119,30-34)

En tant qu'il reçoit les attributs de Manifestation, d'Existant et de Parole proclamée, l'Autogène exerce une médiation universelle: il est l'intermédiaire nécessaire entre les réalités du monde supérieur et celles du monde terrestre, non seulement au plan théogonique, mais aussi au plan sotériologique. Sa manifestation s'exerce à travers le Tout; aussi sa puissance récapitulant celle de l'Inengendré se démontre-t-elle partout, même dans le monde sensible, et surtout envers les élus qui constituent la race des pneumatiques.

119,30-34a: «Toi, tü as puissance en tout lieu, c'est pourquoi même le monde sensible te connaît par toi-même...»

L'Autogène est omniprésent dans le monde de la génération, non par mode de principe comme l'Un (125,28-31), mais par mode d'immanence[50]. Plotin affirme une présence de l'Un en toute chose par transcendance, mais l'*Âme universelle*, elle, est coextensive à tous les corps qui se déploient en elle, ne pouvant avoir d'autre lieu qu'elle[51]. C'est en tant que Puissance diffusée de l'Un que l'Âme réalise cette ubiquité[52]. L'Autogène, lui, en tant que l'Existant qui manifeste en donnant l'être, se révèle à la fois immanent et transcendant aux êtres qu'il suscite; c'est pourquoi il peut rassembler et joindre le Tout (120,30).

Il en découle que toute créature est reliée naturellement au Principe de son existence: les êtres appelés au salut le sont à raison de l'intellection

[50] En cela, le texte rejoint la notion stoïcienne du *pneuma* qui donne cohésion au tout.
[51] Cf. *Enn.*, V 2,1(1); 4,1(5-6); cf. VII 7,11(34): «Car l'univers sensible n'a pas un autre lieu que l'âme»; cf. *ibid.*, IV 3,9(36-38).
[52] Cf. *Enn.*, VI 5,12(4).

(119,29-30), et le monde sensible, par la cohésion qu'il reçoit. Or, si la connaissance, principe de tout salut, est reconnue au monde sensible lui-même, cela signifie que le dualisme gnostique radical est battu en brèche dans ce passage. Ce qui nous renvoie à la thèse de Mar selon laquelle «le monde sensible est digne aussi d'être sauvé totalement»[53].

119,34a : «... et par ta semence».

Le sens global postule de relier ce membre de phrase à ce qui précède[54]. En effet, tout ce contexte traite de la médiation d'Adamas, de sa fonction auprès des êtres vivant dans la génération, immanence si grande que même le monde sensible le connaît. C'est pourquoi il faudrait préciser le sens de l'expression *monde sensible*, en y voyant un synonyme du *monde du devenir*, lieu de la déficience. Ainsi, ce monde connaît Adamas par une connaissance immédiate car ce dernier est présent au cœur de toutes choses, mais aussi par une connaissance médiate puisqu'il demeure présent au cœur de tous les Adamas par Seth, sa race et sa semence[55]. Cette double connaissance a son explication dernière dans la *puissance*, non au sens aristotélicien de *virtualité* mais au sens plotinien de *capacité de produire*[56]. Chez Plotin, en effet, l'Un est «source des biens les plus grands et puissance génératrice des êtres»; donc il est une puissance infinie[57]. Dans les 3StSeth, l'Autogène, en tant que l'Existant qui manifeste les êtres, exercera cette puissance jusqu'à s'identifier à la Totalité.

b) *Médiation au moyen des quatre races* (119,34b-120,5a)

Spéculant sur la médiation universelle de l'Autogène, le deuxième rédacteur a introduit dans le texte une exégèse de la quadripartition des races, délaissant le schéma de tripartition qui jusqu'ici avait servi de toile de fond. Désormais, le *Tu* désigne le médiateur du salut qui peut être

---

[53] Mar, 5,24-25.
[54] A. BOEHLIG se demande s'il faut relier ces mots à ce qui précède ou à ce qui suit. Faut-il les considérer comme une phrase elliptique introduisant les strophes suivantes et mettant en relief la médiation d'Adamas et la semence de Seth? Cf. «Zum Pluralismus in den Schriften von Nag Hammadi», in *Essays on the Nag Hammadi Texts*, Leyde, 1975, p. 32.
[55] Nor, 28,30.
[56] *Métaphysique*, liv. H, I,1042a(27-28); cf. *Enn.*, V 3,15(33-35).
[57] *Enn.*, VI 9,5(36-37); cf. V 4,2(36-37); 9,6(10-11) à comparer à IV 3,8(36-38).

l'Autogène ou Adamas, l'interférence des schémas d'organisation des races rendant parfois difficile leur identification ou leur distinction.

Le texte met ainsi en jeu quatre races, deux plérômatiques et deux terrestres qui sont les répliques des premières[58]. Soit :

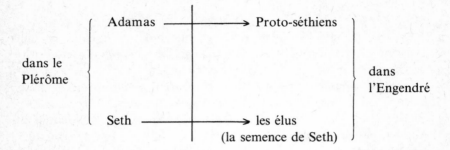

De même qu'Adamas joue le rôle de Père ou d'origine par rapport à Seth, dans le monde d'en-haut, les Proto-séthiens qui ont découvert la Gnose exercent une paternité à l'égard des sauvés d'ici-bas. Toute cette économie manifeste une disposition plérômatique spéciale qui est œuvre de la miséricorde du Père.

119,34b : «Tu es miséricorde ...»

Comment interpréter cette phrase? Selon Böhlig, Adamas est miséricorde, ἔλεος au sens actif: «Adamas est dressé par la volonté de Dieu comme un acte de sa miséricorde»[59]; d'autre part, l'interprétation que donne le texte lui-même n'est pas immédiatement évidente: *Tu es miséricorde, c'est-à-dire: tu es éternel* (120,7). Peut-être faudrait-il, dans ce contexte centré sur la fonction médiatrice, mettre ⲚⲀ en relation avec l'attribut fondamental de l'Autogène: il est *le Bon* (119,16) dont la mission s'accomplit par *bonté* et qui vient manifester par *bonté* (119,18-20); la miséricorde éternelle apparaît comme bonté active destinée à

---

[58] Nous retrouvons ici les quatre races ou générations de l'EvEgypt: 1) Adamas, Premier Homme issu de l'Homme (III,49,8-12 = IV,1,8-14); 2) Seth, père de la race incorruptible (III,49,22 = IV,61,23); 3) la race céleste de Seth (III,34,7-11 = IV,65,25-30); 4) la semence de Seth, sur terre (III,60,2-8 = IV,71,11-18). Voir H.-M. SCHENKE, «Das Sethianische System nach Nag-Hammadi Handschriften», in *Studia Coptica*, p. 170-171.

[59] A. BOEHLIG, *o.c.*, p. 33.

manifester les dispositions plérômatiques concernant le salut dans l'Histoire[60].

120,1-2 : «... et tu es quelqu'un d'une race autre, et elle est établie sur une autre race».

L'expression *être d'une race autre* traduit le grec ἀλλογενής : Adamas est défini comme l'*Allogène* par excellence, avant que ce titre ne convienne en propre à Seth ; la race du Père est établie au-dessus de celle du fils dans le Plérôme. La race, en effet, est liée à sa racine, à son origine : être d'une *race différente*, c'est avoir une origine différente[61]. Adamas, *Dieu dressé*, est l'entité céleste qui manifeste à Seth le plan du Salut et le constitue Père de la *race vivante et inébranlable*.

120,3-5a : «Maintenant, cependant, tu es quelqu'un d'une race autre et elle est établie sur une autre race».

Il n'est pas nécessaire de voir dans ce passage une dittographie. L'expression ϯⲛⲟⲩ ⲇⲉ est ici adversative et traduit un nouvel ordre de choses survenant au niveau anthropologique (qui est aussi sotériologique). Désormais, Adamas et Seth se définissent par la manière dont ils servent d'origine aux sauvés : quand ils exercent leur médiation au niveau de l'Engendré, ils cessent d'être des entités individuelles pour devenir des êtres collectifs, la race et la semence. Ainsi Adamas se situe à la jonction de deux mondes, le monde plérômatique et le monde terrestre[62].

c) *Commentaire exégétique sur la quadripartition des races* (120,5b-15a)

Tout ce passage constitue, en fait, une exégèse de 119,34b-120,5a, dont la structure syntaxique est articulée à l'aide des ⲇⲉ et des ⲭⲉ :

5-6 : Tu es issu d'une race autre, c'est-à-dire : tu n'es pas ressemblant ;
   7 : Tu es miséricorde, c'est-à-dire : tu es éternel ;

---

[60] Voir SJC (III),117-118 qui affirme que la révélation du monde d'en-haut est une faveur de la bonté et de la richesse divines. Elle vise à restituer la connaissance vraie des mystères divins, car l'Archonte et ses anges avaient induit l'humanité en erreur.

[61] En HypArch, 91,32-33, Seth est appelé un «autre homme» (ⲕⲉ ⲣⲱⲙⲉ).

[62] C'est de la même manière que PLOTIN présente l'Âme du monde, comme la dernière des réalités intelligibles (ou des choses comprises dans la réalité intelligible) et la première des choses de l'univers sensible. «Elle est donc en rapport avec deux mondes... Elle occupe dans les êtres un rang intermédiaire», *Enn.*, IV 6,3 (5-8) ; cf. IV 8,7 (5).

8-9 : Tu es établi sur une race, c'est-à-dire : c'est toi qui les as fait
croître
10-11 : par ma semence, c'est-à-dire : c'est toi qui sais qu'elle est établie
dans l'Engendré ;
12-13 : ceux-là sont issus
d'autres générations, c'est-à-dire : ils ne sont pas ressemblants ;
14-15 : ils sont établis sur
d'autres générations, c'est-à-dire : ils sont établis dans la Vie.

Cette exégèse semble être attribuée à Seth lui-même puisqu'elle garde
le *Tu* dans l'interprétation et, au lieu de citer le texte *par ta semence*
(119,34) au sens de la semence d'Adamas, elle propose *par ma semence*,
au sens de la semence de Seth. De toute manière, ce montage a pour but
de mettre en relation directe avec Adamas les séthiens primitifs (*Ur-
Sethianer*) et les élus installés dans le monde de la *déficience*.

On peut proposer de ce commentaire l'interprétation suivante. Le
médiateur, personnage d'origine plérômatique, ne peut être situé au
même niveau qu'une entité terrestre : sa transcendance élimine toute
commune mesure avec quelque réalité créée que ce soit (120,5-6). Mais
manifestant la bonté du Père, il s'identifie à sa volonté de salut qui est
une disposition éternelle de sa miséricorde (120,7). Mettant en œuvre le
salut, il se trouve au principe d'une race nouvelle d'hommes, les séthiens
primitifs, à qui il assure croissance et multiplication (120,8-9). Mais le
salut est aussi destiné à ces fils de Seth établis au sein de la *déficience*
(120,10-11). C'est pourquoi les uns et les autres, c'est-à-dire les ancêtres
mythiques et les élus, gardent des rapports étroits avec leur origine
céleste, Adamas ; comme lui, *ils ne sont pas ressemblants*, c'est-à-dire, ils
transcendent la stricte condition terrestre (120,12-13). Aussi sont-ils
établis au-dessus des générations situées dans la déficience, eux qui ont
leur racine dans la Connaissance qui est Vie (120,14-15)[63].

d) *L'Inengendré, origine de la médiation et du salut* (120,15b-26a)

Cette bénédiction se présente comme un *credo* : elle résume en quelques
phrases et quelques allusions la synthèse mythologique qui constitue la

---

[63] Porphyre explique : «On a nommé tout d'abord *genre* le point de départ de la
génération de chaque chose, puis, plus tard, la multitude de ceux qui proviennent d'un seul
principe, d'Hercule par exemple ; en le délimitant et en le séparant des autres, nous disons
que ce groupe tout entier est *la race* des Héraclides », *Isagogè* 2,5-10.

trame des 3StSeth, de l'émanation des premières hypostases à la création du premier homme. Aussi faut-il peut-être la rattacher au deuxième rédacteur.

S'identifiant à l'Inengendré par appropriation, le médiateur du salut révèle l'évolution interne de la déité suprême: sa fructification en triple ogdoade puis en pentade, la révélation de sa triple puissance, l'engendrement céleste d'Adamas et sa mission salvatrice.

À l'aide de l'ApocrJn et de l'EvEgypt[64], il est possible d'illustrer ce résumé des vérités premières de la foi gnostique. Les premières entités divines émanées du Père ont fructifié en Puissances ou Ogdoades, fructification qui exprime leur totale perfection. De triade qu'elle était, la déité évolue en pentade pour former le Tout plérômatique. Mais, à cause de la forme spirituelle emprisonnée dans la Matière — ou de l'étincelle divine dispersée dans le monde — l'Autogène (Adamas) se fait sauveur et vient dans le Milieu, c'est-à-dire dans le lieu situé entre le Plérôme et la terre, là où se joue le destin des hommes présidé par les astres. C'est là qu'il vient opérer le Salut des élus avec le consentement du Plérôme et mandaté par le Père. Sa mission consiste à rassembler les éléments pneumatiques dispersés de manière à reconstituer le Tout, car le Salut c'est le retour à l'unité primordiale de l'Esprit.

120,15b: «Tu es une part de Dieu...»

Il était aussi possible de traduire: tu es *Mirôthéos*; cependant, après tout le développement sur la médiation d'Adamas qui engendre les élus, il paraît plus adéquat de traduire *tu es une part de Dieu*, au sens déjà explicité plus haut: tu donnes aux sauvés d'avoir part à la puissance de Dieu.

120,16: «Je bénis sa puissance qui m'a été donnée...»

La puissance, attribut fondamental du Père, passe par appropriation à l'Autogène et à Seth pour les habiliter à leur fonction de salut; elle est, en effet, énergie de salut émanant de la vertu paternelle[65].

---

[64] ApocrJn (II) 4,2-8,28a. EvEgypt (III) 41,7b-43,7.
[65] Voir plus loin le commentaire de 122,19-123,2.

120,17-19 : «... lui qui a rendu triplement mâles les masculinités réellement existantes ...»

Selon l'EvEgypt, du Père Inengendré qui ne peut ni être révélé, ni proclamé, proviennent par évolution interne le Père, la Mère et le Fils, fructifiant chacun en trois Ogdoades ou Puissances[66] correspondant aux *masculinités* des 3StSeth. Ainsi, *rendre mâle*, c'est rendre parfait par reconstitution ou retour à l'unité primordiale. Par exemple, en Mar, 9, 28, Barbélo qui avait été divisée du mâle pour tomber dans la dualité recouvre à la fin sa masculinité ou perfection première. Ainsi, l'entité masculine devient capable d'engendrer d'autres entités plérômatiques (puissances, gloires) et de les intégrer à sa perfection propre[67]. En outre, chacune des trois hypostases, en vertu même de l'évolution interne du système, inclut les deux autres et peut être dite *triplement mâle*.

120,20a : «Lui qui a été divisé en la pentade».

Cette division en pentade correspond à un moment de la théogonie[68]. Irénée (*Adv. Haer.*, I, 24,3) signale que, selon Basilide, du Dieu suprême émanent cinq hypostases : νοῦς, λόγος, φρόνησις, σοφία, δύναμις[69]. Dans le contexte des 3StSeth, la pentade se réfère à la constitution du Tout Plérômatique dont fait état d'une manière plus explicite l'EvEgypt : de l'Inengendré procèdent le Père, la Mère et le Fils aussi appelé le Triple Mâle selon qu'il récapitule la Triade. À la prière de l'Enfant Triple Mâle, émanent deux autres hypostases *Youël* et *Éséphech* qui complètent la Triade et constituent la Pentade appelée encore les Cinq sceaux[70]. C'est donc l'Esprit Invisible qui se manifeste ou se dispense en pentade mais en tant que récapitulé par *Adamas*.

---

[66] EvEgypt, (III), 40,13-41,12 = IV,50,3-51,2.

[67] *Ibid.*, (III),44,13-21 = IV,54,20-55,11.

[68] Dans le sens sotériologique, la *pentade* réfère aux *cinq arbres*, ou aux *cinq puissances*, ou aux *cinq sceaux*, dans les documents gnostiques (voir PUECH, *En quête de la Gnose*, II, p. 99-105). Il en ressort que le *Noûs*, avec les cinq membres qui lui sont immanents, constitue le *spirituel*, c'est-à-dire l'homme tel qu'il était à l'origine, tel qu'il est et demeure en soi, en raison de sa nature primitive. C'est la régénération, œuvre du *Noûs*, qui ramène l'homme à son moi transcendantal.

[69] Dans le même sens, voir Rheg, 47,39-48,3 ; SJC (BG 8502), 96,12-97,2 ; Eug., 78,2-11. De même chez les valentiniens, cf. TERTULLIEN, *De Anima* XVIII,4 ; CLÉMENT D'ALEXANDRIE *ExtTheod.*, 86,3 ; EvTh, Log. 19.

[70] Cf. EvEgypt, (IV),56,23-27 ; Nor,28,27-31 ; ApocrJn (II),1,7-8.

120,20b-23a : «lui qui nous a été donné en triple Puissance, lui qui a été engendré sans être mis au monde».

L'Inengendré, nous le savons désormais, est la Puissance suprême qui fructifie en entités hiérarchisées (cf. Indrod. p. 22). De lui émanent Barbélo, comme son Image et l'Autogène comme sa Manifestation. Ainsi en vertu du principe de récapitulation ou de prédominance, ces deux hypostases reçoivent en attribution la triple Puissance (cf. p. 89). C'est donc l'Esprit qui donne en participation sa plénitude d'être à l'Autogène-Adamas en l'engendrant d'une manière incorruptible, en vue du salut des élus.

120,23b-26a : «Lui qui est sorti de l'Élection, à cause de ce qui s'est abaissé, il s'en est allé dans le Milieu».

Ce passage nettement sotériologique fait du Plérôme le point de départ du salut. Selon l'EvEgypt, le Plérôme, à cause de l'arrogance de Sakla qui usurpait le nom de Dieu, envoie le Sauveur ou *Metanoïa* qui descend pour annuler la déficience[71] ; mais, en fait, c'est pour libérer la ressemblance divine capturée par les Archontes et enfermée dans la Matière[72]. C'est donc *ce qui a été abaissé* qui nécessite l'envoi d'un Sauveur dans le Milieu. Cette dernière notation — le Milieu — suggère un lieu intermédiaire entre le Plérôme et le monde terrestre, soit le ciel, monde des astres, monde des Archontes, «image de la nuit»[73]. C'est là que *Métanoïa* vient prier pour la repentance de la semence de l'Archonte et des puissances nées de lui, pour la semence d'Adam et de Seth[74]. Ce rachat ne s'opère pas sur terre mais au niveau des entités célestes là où se joue le destin des âmes inscrit dans les astres.

e) *Mission de l'Autogène* (120,26b-28)

Le retour du discours à la deuxième personne, la rupture dans la composition induisent à comprendre qu'il s'agit d'un retour au texte du premier rédacteur.

---

[71] Cf. EvEgypt, (III),49,15-16 = (IV),61,17-18 ; (III),59,17-18 = (IV),71,2-3.
[72] Cf. HypArch, 87,33-88,1.
[73] Cf. EvEgypt, (III),59,20.
[74] *Ibid.*, 59,21-60,1.

120,26b-28 : « Tu es Père venant de la part d'un Père, Parole issue d'un conseil».

Le sens global de ce contexte est à rapprocher du GrSeth : une assemblée s'est tenue au Plérôme, qui décide d'envoyer quelqu'un visiter les régions inférieures et révéler les secrets d'en haut à ce qui était tombé[75]. Ici l'Autogène, assumant la puissance du Père, quitte le monde plérômatique en conséquence d'un *conseil* ou d'une *disposition* céleste et reçoit la mission de révéler (Logos) le salut, donc de susciter des élus[76].

f) *L'Autogène sauveur* (120,29-121,1)

Sous forme de bénédiction à la première personne du pluriel, ce passage décrit la mission de salut de l'Autogène, Triple Mâle : il rassemble les sauvés, les ramène au Père et le Sauveur couronné couronne les élus.

120,29-32a : « Nous te bénissons, ô Triple Mâle, d'avoir réuni le Tout à l'aide d'eux tous, de nous avoir donné puissance».

La bénédiction qui est action de grâces pour le salut s'adresse au Triple Mâle. Cette dernière appellation est plutôt rare, le plus souvent, il est question de l'Enfant-Triple Mâle[77]. Dans son acception la plus courante, *triple mâle* peut signifier parfaitement mâle, comme *Trismégiste* pour *parfaitement grand*. Dans le contexte des 3StSeth, il y aurait peut-être allusion au caractère trimorphe de la manifestation divine dans l'Autogène : sa nature tient à la fois du Père Inengendré, de Barbélo, et de sa fonction propre. Ce dernier thème sera plus évident en 121,8-14. Une ultime explication reste encore possible : comme il fut signalé plus haut (120,17-19), *être mâle* signifie se rassembler, devenir parfait, et ainsi être principe d'engendrement ; le Sauveur qui, comme dit l'EvEgypt, «a traversé trois mondes pour venir en ce monde»[78] est établi sur trois races (Seth, race de Seth et sa semence). Cette triple génération pourrait lui valoir aussi le titre de Triple Mâle.

---

[75] Cf. GrSeth, 50,4-29.
[76] Cf. Eug, 86,10 ; TracTri, 86,15-18.
[77] Cf. EvEgypt, (III),44,18 = (IV),55,3 ; voir l'étude du thème dans A. BOEHLIG et F. WISSE, *The Gospel of the Egyptians*, p. 43-46.
[78] Cf. EvEgypt, (III),60,25-61,1 = (IV),72,7-10.

Le texte décrit la mission de salut du médiateur qui consiste fondamentalement dans la σύλλεξις [79] : l'Autogène est le parfait spirituel rassemblé. Dispersé qu'il était dans le monde de la génération, il se rassemble en rassemblant les élus. Les sauver, c'est leur donner puissance, selon la prière même qu'ils adressent à Barbélo : «Donne-nous puissance afin d'être sauvés pour la vie éternelle» (123,33ss).

120,32b-121-1 : «Tu es sorti de l'Un à l'instigation de l'Un, tu t'en es allé, tu es (re)venu à l'Un. Tu as sauvé! Tu as sauvé! Tu nous as sauvés! Ô toi qui es couronné! Ô toi qui couronnes! Nous te bénissons éternellement».

Ce processus parabolique qui décrit l'émanation de l'Autogène, sa mission sur terre et son retour au Père, trouve son explicitation complète dans l'EvEgypt. Selon ce schéma, l'apparition dans l'existence d'une entité est due à une requête adressée au Père Inengendré de libérer une de ses Puissances ; l'entité qui apparaît se joint à son tour au Plérôme tout entier pour prier et pour susciter de la puissance de l'Esprit une nouvelle hypostase [80] en vue de l'achèvement du Plérôme. C'est ainsi, peut-on penser, que l'Autogène, à la prière et à l'instigation de Barbélo-Un, émane de l'Un-Inengendré, en vue de sa mission de salut. Son mandat accompli, il se rassemble lui-même et retourne d'où il était venu, ramenant à l'Unité du Père les élus qui étaient dispersés, car le salut gnostique consiste fondamentalement dans l'union au Sauveur qui est prise de conscience de la nature divine de l'âme [81]. De retour à son principe, le Sauveur reçoit la couronne de la victoire et, par le fait même, couronne les élus [82].

III. PRIÈRE FINALE À L'AUTOGÈNE

(121,2-16)

Cette bénédiction conclut l'hymne consacré à l'Autogène. Elle est action de grâces à celui qui réconcilie le monde d'en-haut et le monde d'en-bas : modèle de perfection pour les élus, l'Autogène récapitule tout le Plérôme et veut le salut de tous les êtres.

[79] Cf. J.-É. MÉNARD, «Le mythe de Dionysos Zagreus», *RevScR* 42 (1968) 39-45.
[80] Cf. EvEgypt, (IV),54,13-63,8, passim.
[81] Cf. EvPhil, 58,11-14a ; 70,12b-34a ; 82,24b-26a ; 85,31b-86,7a.
[82] Voir InterpGn, 21,33-34.

1. *Modèle de perfection* (121,2-8)

«Nous te bénissons, nous qui avons été séparés des parfaits à titre individuel, parfaits grâce à toi, nous qui sommes devenus parfaits unis à toi, celui qui est achevé, qui donne l'achèvement, toi qui es parfait à l'aide d'eux tous, celui qui est partout semblable à soi-même».

Les sauvés célèbrent l'Autogène-Sauveur, lui qui est parvenu avec eux au *terme* de leur croissance et qui les a rassemblés. Il est préférable de traduire NOYΖM ЄBOΛ ΖΑ non par *sauver de* mais par *séparer de*; ainsi le texte distingue les *parfaits à titre individuel* qui vivent encore dans l'Engendré et les *parfaits unis à l'Autogène*, mis à part par anticipation, avant le rassemblement final en Barbélo. Les premiers sont ici appelés littéralement les *êtres individuels parfaits*, par opposition d'une part, à l'Éon des Éons, la *Perfection totale rassemblée* (124,9-10) et, d'autre part, aux Éons en tant qu'*êtres entièrement parfaits* (124,23-24). Ce qui donne lieu au schéma suivant du rassemblement: à l'eschatologie, après la dispersion, l'Autogène *rassemble* les êtres parfaits à titre individuel; avec les Éons, les parfaits entièrement rassemblés constituent les Êtres éternels. L'Autogène ainsi reconstitué à partir de tous les éléments qui étaient dispersés recouvre son état primitif de Sauveur céleste (121,6-7) et retourne à l'Un-Barbélo. Alors, l'Éon des Éons qui rassemble toute la perfection émanée du Père (124,9) retourne à l'Inengendré.

L'Autogène est ainsi célébré comme modèle et cause du salut, la Perfection qui parfait: quand le sauveur rejoint l'âme et se conjoint à elle, le salut est alors réalisé. Par exemple, dans le chant de Noréa, l'union d'Adamas et de Noréa («les deux noms qui réalisent un nom unique») constitue le modèle archétypal de la régénération telle qu'elle se réalisera en chacun des sauvés et aussi lors du rassemblement final[83].

2. *Récapitulation du Plérôme* (121,8-11)

«Ô Trois fois Mâle, tu es dressé, tu fus le premier dressé. Tu t'es dispensé en tout lieu: tu persistes à être un».

L'Autogène récapitule finalement tout le Plérôme. Cette dernière bénédiction reprend le thème central de chacune des Stèles en

---

[83] Cf. M. ROBERGE, *Noréa*, (BCNH, Section «Textes», 5), p. 168.

l'appliquant au Sauveur: il est Dieu premier dressé (119,4,16-19), dispersé en tout lieu et réunifié comme Barbélo (122,8-10; 123,2-5; 124,9-10), et enfin Sauveur comme l'Inengendré (125,15-21). L'œuvre du Salut peut donc à bon droit lui être attribuée, en tant que Manifestation parfaite de la Triple Puissance divine. Il est trois fois parfait, lui qui retourne à son Principe, enrichi de la perfection totale de sa nature réalisée.

3. *Volonté salvifique universelle* (121,12-16)

«Et ceux que tu as voulus, tu les as sauvés, tu veux aussi que soient sauvés tous ceux qui (en) sont dignes. Tu es parfait! Tu es parfait! Tu es parfait!»

D'après ce passage, la volonté salvifique de l'Inengendré (réalisée par l'Autogène) est universelle. En effet, si le salut consiste dans la connaissance de l'Un-Esprit, non seulement les spirituels seront sauvés mais également le monde sensible (l'Engendré) qui le connaît (119,32-34). Cette conclusion vraiment exceptionnelle ne doit pas nous surprendre. Le traité Mar dont la doctrine est apparentée à celle des 3StSeth dit explicitement: «Le monde sensible est digne aussi d'être sauvé totalement»[84]. Il s'agit là d'une atténuation importante du dualisme gnostique, due à des influences plotiniennes et hermétiques[85]. Ainsi sera constitué l'Autogène dans sa perfection et ses dimensions originelles à l'aide de tous les êtres issus de lui (121,5-8).

DEUXIÈME STÈLE

(121,18-124,15)

Cette Stèle consacrée à la deuxième hypostase, Barbélo, exalte *celle qui a vu*; la vision, en effet, définit sa double nature d'image de l'Inengendré

---

[84] Mar, 5,24-25.
[85] À la base d'une telle tendance, il y a l'*apocatastasis* stoïcienne. Plotin aussi pensait que le monde sensible est incorruptible (II,1,2): il est l'image du monde intelligible de par l'Âme (II 9,8; VI 6,22), et donc doué de beauté (III 2,3.17). Il s'agit, bien sûr, du monde dans sa réalité véritable (V 1,4(1-7)). Pareillement, dans le *Corpus hermeticum*, le monde sensible apparaît comme un ordre fondé sur le divin (*CH.*, III,4,8-9; V,9 ad finem); il est donc bon eu égard à sa fonction de produire (*CH.*, VI,2,11-14); il retournera à sa place première dans le monde immortel (*CH.*, VIII,4,20-22). Car ce qui participe à Dieu ne peut se corrompre (*CH.*, XII,16,15-19).

et de puissance d'émanation d'où découle la totalité de l'Être. Elle a vu le Pré-existant et est instituée Monade préexistante (121,25-122,4); elle s'est contemplée comme Ombre première et de cette extase sont émanés les existants vrais (122,5-123,7); et, se révélant (se faisant *voir*) à ces derniers, elle les engendre pour l'éternité (123,5-124,13).

La Stèle est bâtie d'après le schéma de cette vision quadripartite:

a) Grand est le Premier des Éons ... 121,20-24	Ô Génitrice Parfaite ... 122,5-6a	Ô Engendreur de nombre ... 123,8-9	Ô Éon d'Éons, 123,25b-26a
b) Toi, *tu as vu* au commencement ... 121,25-30a	Toi, *tu as vu* ... 122,6b-10	Tu leur *as révélé* ... 123,10-22	C'est toi seulement *qui vois* ... 123,26b-124,8a
c) Tu es Triple ... 121,32b-122,4	Toi qui es double ... 122,11-18	Tu es Triple ... 123,23-25a	C'est toi l'Éon des Éons ... 124, 8b-13
	(suite): 123,2-7 -------------------- A cause d'eux ... 122,19-123,2		

Ces quatre petits hymnes de vision offrent la même facture littéraire: (a) une invocation en relation avec l'objet de la vision, (b) la vision et (c) une conclusion établissant la relation entre l'Un-Triple Puissance et la fonction de Barbélo mise en relief par la vision.

Cette mise en forme non seulement permet de faire ressortir la structure de composition assez régulière de cette Stèle mais, en outre, elle met en évidence le caractère de commentaire (ou de glose) de 122,19-123,2.

Par ce lien nécessaire établi entre *voir* (savoir) et *émaner* (être engendré), Barbélo apparaît comme l'Intellect parfait, elle qui porte en elle-même, comme en un « miroir-sein maternel », la totalité des êtres. Elle est identifiée à la Perfection totale rassemblée.

I. INVOCATION DE BARBÉLO

(121,20-24)

«Grand est le premier Éon, Barbélo, Vierge mâle! Ô Gloire primordiale du Père Invisible, (toi) qu'on appelle Parfaite».

Toutes ces caractéristiques mettent en lumière l'être primordial et transcendant de Barbélo. Elle est le *premier Éon* c'est-à-dire la première émanation exprimant parfaitement le Père Invisible; en ce sens, elle est décrite comme l'*Ennoïa* (ou *Pronoïa*, ou *Prôtennoïa*) du Père, son Image parfaite, à la fois Intellect et Intelligible, Être et Pensée. Sa description la plus complète se retrouve dans l'ApocrJn (II)[86]: Puissance première sortie du Père, Lumière issue de la Lumière, Gloire de l'Esprit virginal, Mère (sein maternel) de toutes les réalités existantes. Dire qu'elle est *Vierge mâle* signifie qu'elle est androgyne, donc divine, c'est-à-dire au-delà de toutes les catégories d'êtres. Comme le note M. Tardieu: «La juxtaposition des deux sexes dans un être unique signifie également le refus de toute sexualité. L'androgyne est l'asexualité: avoir les deux sexes, c'est n'avoir ni l'un ni l'autre, n'être que l'un ou le même parce qu'il n'y a plus d'autre»[87]. Tous ces attributs font de Barbélo la Parfaite Intellection du Père Invisible.

II. LA PUISSANCE DE VISION DE BARBÉLO

(121,25-123,25)

Cette seconde partie de l'hymne qui décrit la puissance de Barbélo (sa nature et ses fonctions, selon le genre hymnodique) la présente comme l'*Intellect qui a vu*. De cette vision émanent la totalité des êtres du monde plérômatique et aussi les êtres du monde du *devenir*, non dans leur réalité ontologique mais sous leur forme archétypale; en effet, c'est l'Autogène, comme nous l'avons déjà vu (119,25-27), qui les manifeste comme existants.

[86] ApocrJn (II), p. 4-5.
[87] M. Tardieu, *Trois Mythes gnostiques*, p. 105-106. Cette conception de l'Intellect mâle et femelle ou Père-Mère était fort répandue, cf. *CH.*, I,19,16. Voir aussi l'étude que propose Festugière dans *La Révélation d'Hermès Trismégiste* IV, p. 43-51 et les nombreuses références en *CH.*, I, note 24, p. 20.

1. *Vision de son émanation* (121,25-122,4)

a) *Sa préexistence dans le Préexistant* (121,25-30)

«Toi, tu as vu au commencement que le Préexistant réel est un Non-être, et c'est de lui et par lui que tu as préexisté éternellement».

Barbélo a vu le Préexistant et, dans et par cette vision, elle reçoit sa propre préexistence; donc, en tant qu'image parfaite, parfait rayonnement, elle est Préexistante comme le Préexistant et Non-être comme lui; en tant qu'elle a vu, elle est Intellect. Voilà, en raccourci, la nature dyadique de Barbélo.

C'est à l'aide de la même métaphore que Plotin décrit l'émanation de l'Intelligence: «Un rayonnement qui vient de lui (l'Un), de lui qui reste immobile, comme la lumière resplendissante qui environne le soleil naît de lui, bien qu'il soit toujours immobile»[88]. Mais, se demande Plotin, «comment la pensée voit-elle? Que voit-elle? Comment existe-t-elle et naît-elle de l'Un, afin de voir»? C'est l'éternel problème de l'Un et du Multiple. L'explication de Plotin rejoint le Platon du *Parménide*, de la *République*, du *Timée*, du *Philèbe* et des *Lettres*[89]. Il résoud le problème en trois temps: a) l'Un engendre dans l'immobilité, tourné vers lui-même et par surabondance: l'être toujours parfait engendre toujours[90]; b) «cette surabondance produit une chose différente de lui... L'être est comme son premier-né»; c) «la chose engendrée se retourne vers lui (l'Un), elle est fécondée... elle devient intelligence». Surabondance, regard vers l'Un et conversion, ainsi explique Plotin l'image de l'Un, à la fois intellect (νοῦς) et être (ὄν)[91]. C'est selon ce même processus que Barbélo émane du Préexistant, comme Préexistante et Intellect; aussi est-elle l'image parfaite du Père, sa Pensée, le reflétant dans tout son être propre: préexistence, néant d'être, monade, triple puissance.

Le Préexistant, tel que décrit, rejoint dans sa nature le Pro-Père que les valentiniens placent au principe de tout. Selon Irénée et Hippolyte, il est *Éon Parfait*, *Pro-Principe* (προαρχή), doué d'attributs négatifs

---

[88] *Enn.*, V 1,6 (28-30).
[89] Voir É. Bréhier, *Ennéades V*, introduction, p. 13.
[90] *Enn.*, V 1,6 en entier.
[91] *Ibid.*, V 2,1 (4-13).

(incompréhensible, insaisissable, invisible, inengendré)[92], qui définissent sa transcendance, et, par analogie, celle de Barbélo.

b) *Son émanation du Non-être* (121,30-122,4)

«Ô Non-être issu d'une Unité (qui est une) indivise Triple Puissance: tu es Triple Puissance, tu es une Monade grande issue d'une Monade pure, tu es une Monade élue. Ô Ombre primordiale du Père saint, Lumière issue de Lumière, nous te bénissons».

Émanant du Préexistant comme son image et son ombre, Barbélo reçoit par analogie les caractéristiques du Non-être.

En effet, le Préexistant s'identifie à l'Un et, comme tel, il est Existence, ⲞⲨⲠⲀⲢⲌⲒⲤ (124,26), Être et Pensée, ou, Existence, Vie et Intellect (125,28-31), c'est-à-dire *Triple Puissance*. Cette dernière *image* d'origine néoplatonicienne se retrouve aussi chez Marius Victorinus: *Pater... praeintelligentia praeexistens et... perfectus super perfectos, tripotens, in unalitate spiritus*[93]; et il explique ainsi le *tripotens*: τριδύναμος *est Deus, id est, tres potentias habens, esse, vivere, intelligere*[94]. P. Hadot explique que le terme «Puissance» ici ne s'oppose pas à «acte», ne désigne pas non plus une «énergie» qui émane de la substance; il correspond plutôt à l'ἰδιότης, à la qualité *propre*. «Dieu a éminemment les qualités propres de l'être, de la vie et de la béatitude, en ayant proprement la qualité de l'être, en étant purement être... Dieu est vie et béatitude, en ayant la puissance de l'être, c'est-à-dire selon le mode propre à l'être»[95]. Il est donc apparenté à l'Un triadique des *Oracles Chaldaïques* (Μουνάδα γάρ σε τριοῦχον)[96], sans l'ombre d'une quelconque division en lui (ⲞⲨⲀ ⲚⲀⲦⲠⲱ Ⲱ). Barbélo, à l'image de l'Un, est aussi *triple puissance*, selon le *principe de prédominance* énoncé en *Adv.Ar.*, IV, 21,30: *Triplex in singulis singularitas et unalitas in trinitate*: «chaque terme de la triade s'approprie selon son mode propre la triade toute entière», explique P. Hadot[97].

[92] *Adv. Haer.* I,1,1-2; 2,1-2; cf. HIPPOLYTE, *Refutatio*, VI,29,2-5.
[93] *Adv. Ar.* I,50,4.
[94] *Ibid.*, IV,21,26.
[95] Cf. P. HADOT, *Porphyre et Victorinus*, I, p. 293-294.
[96] *Oracles Chaldaïques* (Des Places), fr. 26.
[97] *Adv. Ar.*, IV,21,30; P. HADOT, *o.c.*, p. 294, note 4.

Barbélo est semblable à l'Un, Non-être comme lui et Triple Puissance;
il faut bien, dit Plotin, que «l'être engendré soit, en quelque sorte,
semblable à l'Un, qu'il conserve les caractères de l'Un, qu'il y ait entre lui
et l'Un la ressemblance qu'il y a entre la lumière et le soleil»[98].

L'Un, monade *pure*, est à l'origine de Barbélo, monade *grande* et
supérieure. Plotin, comme les 3StSeth, met la *pureté* de l'Un en relation
avec le problème de la multiplicité: «Le monde intelligible et
l'intelligence sont certainement des êtres plus uns que les autres...
Pourtant, ils ne sont pas l'Un dans sa pureté (Tὸ καθαρῶς ἕν)»[99]. Pour
lui, la pureté de l'Un réside en ce qu'il «se refuse à faire nombre avec
aucune autre chose», de plus il est «cette unité supérieure subsistant en
elle-même (ἐκείνη καὶ μένουσα)»[100]. Ainsi, la pureté de l'Un met en
relief sa transcendance. Tirant de l'Un-Préexistant son origine et sa
propre pré-existence, Barbélo est appelée Monade élue: elle vient, en
effet, d'en haut, de l'Incorruptible, du Transcendant.

L'*ombre* (ϩⲁⲉⲓⲃⲉⲥ) implique à la fois reflet et image, en tant
qu'expression ou reproduction d'une réalité supérieure à un niveau
inférieur. Dans quelques textes de Nag Hammadi[101], c'est le modèle
central de toute théogonie ou cosmogonie selon lequel s'opère la
production des êtres. Ici, Barbélo est présentée comme l'expression
primordiale du Père, la première réalité à émaner de lui. Comme
Lumière, elle s'identifie à la connaissance, à la vision intellective: elle est
issue du Père, créateur d'intellect (124,33), celui qui détient le savoir
(124,34). Il est à noter que cette idée d'une génération par reflet est, selon
P. Hadot, «très plotinienne»[102]; le fondement de cette doctrine repose
sur la distinction entre acte de l'essence et acte dérivé de l'essence, c'est-à-
dire entre l'objet lui-même en acte et l'acte qui en dérive[103]. Ainsi, selon
Plotin, de l'Un procède l'Intellect[104] et de l'Intellect l'Âme[105] et de cette
dernière les âmes individuelles[106]. «C'est, remarque-t-il, une loi générale
de la réalité: toutes choses produisent un reflet d'elles-mêmes»[107].

---

[98] *Enn.*, V 1,7(1-4).
[99] *Enn.*, V 5,4(3-6).
[100] *Ibid.*, (12-13.27).
[101] Par ex., ApocrJn (II),9,28-29; 14,20-23,28-30; 20,28-30; EcrsT, 98,1-5,14-19;
108,7-14; 112,25ss; HypArch, 87,12-13; 89,26; 90,32; 94,11-16.
[102] Cf. *Porphyre et Victorinus*, I, p. 335-336.
[103] *Enn.*, V 4,2(28).
[104] *Ibid.*, (34-39).
[105] *Ibid.*, VI 2,22(25-28).
[106] *Ibid.*, IV 5,7(44-51).
[107] *Ibid.*, III 6,17(12-19); voir le commentaire de P. HADOT, *o.c.*, p. 335-337.

2. *Vision de la Génitrice d'Éons* (122,5-123,7)

Barbélo, émanée comme Ombre, récapitule la fonction créatrice de l'Inengendré en engendrant des ombres d'elle-même, les êtres éternels, c'est-à-dire les Éons et les archétypes des spirituels (124,22-25). Elle reste *cachée* en eux comme la puissance salvatrice qui devra assurer leur retour au Père.

a) *Engendrement des êtres éternels* (122,5-12a)

«Ô Génitrice parfaite, Productrice d'Éons! Toi, tu as vu que les êtres éternels sont des êtres issus d'une Ombre. Et tu t'es multipliée et tu t'es trouvée persistant à être une, tout en te divisant pour un partage. Toi qui es double triplement, tu es en vérité double trois fois».

Barbélo, perfection première, est à la fois intellect et intelligible (être et pensée), donc une dyade. C'est ainsi que cette 2ᵉ Stèle pose le problème de l'Un et du Multiple, mais sous sa forme théogonique. Sans entrer dans le détail de cette question, disons que la manière de présenter l'origine de la multiplicité reste très platonicienne. Mais ce qu'il y a de nouveau ici, c'est que les *intelligibles sont dans l'intellect*, thèse essentiellement plotinienne[108].

Barbélo, en extase, se voit donnant naissance à une multitude d'êtres-ombres émanant d'elle, l'Ombre première. Cette «dispensation» d'elle-même, loin de la fragmenter irréversiblement, laisse intacte son unité fondamentale. Selon la doctrine plotinienne, l'Unité de l'Intellect persiste en raison de l'unité de son objet, l'Un[109]. Mais puisque l'Intellect ne peut saisir l'Un dans sa simplicité, il divise sa vision et engendre les êtres éternels et intelligibles[110]. De la même manière, Barbélo voyant l'Un enfante le nombre des êtres plérômatiques et persiste[111] dans l'unité de sa nature d'image de l'Un; le partage d'elle-même n'a nullement affecté son unité. Cette deuxième vision se termine par la relation entre l'Unité-multiplicité qu'est Barbélo et l'Un. Elle est *double triplement* c'est-à-dire constituée de deux triades, et *double trois fois* en ce sens qu'elle est composée de trois dyades. Deux allusions à quoi? Qu'elle soit *double*

[108] *Ibid.*, V 5, en entier.
[109] *Ibid.*, V 1,6-7; 3,15(15ss).
[110] *Ibid.*, V 3,10-16; V 4,2 (passim); V 1,7 en entier.
[111] ⲁⲣⲉϬⲓⲛⲉ équivaut à εὗρον + un passif, cf. TILL § 414.

triplement peut faire allusion à sa nature dyadique d'Être et de Pensée, selon le *principe de la prédominance* en vertu duquel elle est

    Un — *Être* — Pensée, par prédominance de l'Être

    Un — Être — *Pensée*, par prédominance de la Pensée[112].

D'être *double trois fois* renverra à un autre schéma de la trilogie; nous en aurions peut-être la disposition en 123,14-25; *Salut-Sagesse, Vie-Vérité, Intellect (Un)-Intellect (Multiple)*, sous la forme de trois couples d'Éons.

b) *Présence cachée dans les êtres éternels* (122,12b-18)

«Oui, tu es bien l'Unité de l'Un et tu proviens d'une ombre qui lui appartient. Tu es la Cachée, tu es le monde de la connaissance, sachant que ceux qui appartiennent à l'Un sont issus d'une Ombre et te portent dans leur cœur».

L'emploi absolu de ⲘⲈⲚ en tête de ce passage dénote ici une insistance marquée sur le caractère mystérieux de l'émanation de Barbélo[113]. L'auteur de cette glose veut mettre en lumière le destin de la deuxième hypostase comme Sagesse (*Sophia*) prisonnière de la multiplicité. Il n'est pas question de *chute*, mais le passage même de l'unité à la multiplicité ne revient-il pas pour Barbélo à une *descente*? Ce qui, en soi, n'a rien de négatif, car c'est ainsi que se trouve amorcée toute la dynamique du salut. Cette sortie d'en haut vers le bas, dans quelques textes de Nag Hammadi[114], met en place un processus devant servir à expliquer le salut comme remontée des parcelles divines. Ne remonte à son lieu propre ou connaturel que ce qui en était descendu d'une manière ou d'une autre. C'est là le mythe de la *Sophia* que l'on rencontre dans le milieu des Ophites ou des Barbélognostiques et dans le courant dit séthien[115]. *Sophia*, personnage ambivalent, par sa chute ou sa descente, donne naissance à la matière et son image y reste prisonnière; mais appartenant au monde de la Lumière, elle y retournera en ayant libéré tous les éléments pneumatiques prisonniers de cette matière[116].

---

[112] Introduction, p. 30.

[113] LIDDELL-SCOTT, 1101b: emploi absolu de μέν pour μήν dans le but d'exprimer une certaine insistance du rédacteur.

[114] Cf. note 101.

[115] Voir H. LEISEGANG, *La Gnose*, p. 107-124.

[116] Voir G. MACRAE, «The jewish background of the gnostic Sophia myth» *NT* 12 (avril 1970) 86-101; et aussi HypArch, 94,5-34.

Ainsi donc, après le discours sur la multiplicité de Barbélo, il était normal d'insister sur son unité. Dire qu'elle est l'*Unité de l'Un*, en relation avec l'idée qu'elle provient d'une ombre, peut d'abord exprimer qu'elle est par nature un centre de dispersion et de convergence. Par elle, l'Un déploie sa Puissance créatrice multiforme et, par elle encore, refait l'unité (120,32-34). Dans un autre sens, elle peut être appelée *Unité de l'Un*, non formellement en tant que dyade, mais en tant qu'elle préexiste dans l'Un. Cette interprétation est attestée par Marius Victorinus qui appelle le Père «praeexsistens substantia»[117] et par Damascius qui le dénomme «προϋ-παρχοῦσα ὑπόστασις»[118]. Le commentaire qu'en donne P. Hadot éclaire notre contexte: «... existence et préexistence tendent à se confondre: on peut dire que la substance préexiste à elle-même dans l'existence, qui est son état d'unité et de simplicité transcendante»[119].

122,14-18

Pour comprendre ce passage, il est intéressant de le mettre en parallèle avec les lignes précédentes:

l. 12-13:	*Tu es l'Unité de l'Un*	l. 15:	*Tu es le monde de la connaissance*
14a:	*tu proviens d'une ombre qui lui appartient*	16:	*sachant que ceux qui appartiennent à l'Un sont issus d'une ombre*
14b:	*Tu es la Cachée*	18:	*et ils te portent dans leur cœur.*

Cette lecture en parallèle met en évidence la reprise du thème de l'unité d'un côté et de la multiplicité de l'autre. En tant qu'unité, Barbélo préexiste dans l'Un-Père, aussi est-elle appelée *la Cachée*, de manière que le passage de l'état latent à l'état distinct constitue sa procession. En tant que multiplicité virtuelle, elle annonce l'universalité du monde intelligible: elle engendrera les êtres éternels issus de l'Un par sa médiation (120,33; 124,22), êtres qui gardent en eux-mêmes la présence divine, le Salut, comme réalité cachée[120]. Il y a donc ici une allusion évidente à la doctrine du *Noûs* dispersé à travers le Tout (123,2-3,30). Par exemple, la Prôtennoia Trimorphe dira: «Je me suis cachée en chacun, je me suis manifestée en chacun»[121]. Cette présence de Barbélo au cœur des élus

---

[117] *Adv. Ar.*, I,30,22.
[118] DAMASCIUS, *Dubitationes et solutiones de primis principiis*, I, éd. RUELLE, Paris, 1889, p. 66,22, cité par HADOT, *o.c.*, p. 270.
[119] HADOT, *o.c.*, p. 270.
[120] Voir Zost, 121,1-4 et passim; Allog, 46,30ss; 48,15.
[121] PrôTri, 45,21-22; cf. 47,21-24; 49,18-20; ApocrJn (II), 20,25-28.

assure leur appartenance au Plérôme et leur communauté de destin avec
elle. Ils sont, durant tout le temps de l'histoire, des *Ennoïas* séparées du
Plérôme, vivant dans l'état de parfaits à titre individuel, sans prise de
conscience du salut qui doit les rassembler.

c) *Organisation du dispositif du salut* (122,19-123,2) (2ᵉ rédacteur)

Le texte vient d'exposer comment Barbélo qui est Un dans le Plérôme
devient multiple en s'enfermant dans la matière, *Cachée* dans le cœur des
élus. Le commentaire qui suit (122,19-123,2) introduit la suite des
événements qui font d'elle la Mère secrète des élus; il s'agit en fait d'une
explication de la phrase «et ils te portent dans leur cœur» (122,18) qui
ouvre cette inclusion et la ferme (123,2a).

La théogonie et l'anthropogonie sont présentées d'une manière abs-
traite, en connexion avec le thème des quatre races cher au deuxième
rédacteur de ce commentaire; Barbélo met en place tout le dispositif du
salut: i) dans le Plérôme (122,19-25), ii) dans l'histoire (122,26-30),
iii) dans l'Engendré (122,31-123,2).

Le lexique de tout ce passage est bien philosophique, mais l'écriture
reste mythique pour exprimer le don de la Puissance qui part d'en haut et
embrasse tous les niveaux inférieurs de réalisation du salut.

i) Le dispositif du salut dans le Plérôme (122,19-25)

«À cause d'eux, tu as donné puissance aux êtres éternels dans la
Substantialité; tu as donné puissance à la divinité dans la Vitalité; tu as
donné puissance à l'intellection dans la Bonté; dans la Béatitude tu as
donné puissance aux ombres émanées de l'Un».

La Puissance s'identifie à l'Un, origine de toutes choses, leur principe
transcendant, leur vie et leur intellect (125,29-31). Comme le dit Plotin:
«Il est une puissance, et une immence puissance»[122] d'où les êtres *descen-
dent* dans la multiplicité, par degrés d'êtres. C'est la στάσις des êtres; leur
conversion, c'est la remontée vers leur origine: «Tout être se ramène à
l'unité qui lui est antérieure ... jusqu'à ce que d'unité en unité, on arrive à
l'Un absolu, qui ne se ramène plus à un autre»[123]. Or, Barbélo est
dyadique: elle assure la descente de l'Être et la remontée de l'Intellect.
C'est par elle que se fera le don de la Puissance.

[122] *Ibid.*, V 3,16(1-10).
[123] *Ibid.*, III 8,10(20-23).

Ainsi, la Puissance apparaît, en définitive, comme énergie de remontée: elle est essentiellement liée à l'intellection qui est conversion vers
l'Un-Bien (120,31-32), don du salut et retour vers le Père (123,33). D'où,
donner puissance équivaut à faire *être* mais surtout à donner de *voir*, à
sauver. C'est là le sens de la prière des spirituels: «Apprends-nous ce que
tu vois. Donne-nous puissance afin d'être sauvés pour la vie éternelle»
(123,32-124,1). Cette descente et cette remontée des pneumatiques
passent par Barbélo, la voie, le chemin. Peut-être faudra-t-il ainsi
comprendre, en son lieu propre, l'aphorisme: «Le chemin pour monter
est le chemin pour descendre» (127,20-21; cf. 120,32-34).

Il y a donc une hiérarchie de l'être, au sens d'une montée vers l'Un
dans la Béatitude, à laquelle doivent aboutir tous les êtres émanés
appelés au Salut. Au plus bas degré se classent les intelligibles, éons et
êtres singuliers, appelés les êtres éternels (124,22-25) et identifiables à la
Sagesse dispensée (ou dispersée); puis vient la totalité du monde
intelligible manifesté appelée ici la *divinité* et assimilable à l'Autogène dit
l'Existant (119,23-27)[125]. Enfin, au-dessus de ces êtres, la Sagesse ou
l'Intellection pure rassemble la Perfection totale (124,9-10) appelée à se
réaliser au sein de la Bonté, par le retour à l'Un.

Les trois ordres ainsi évoqués regroupent la totalité des êtres issus de
Barbélo, selon la trilogie *être-vie-pensée*:

Être/ordre de la Substantialité : les êtres éternels
Vie/ordre de la Vitalité: la Divinité (les êtres divins)
Pensée/ordre de la Bonté: l'Intellection (Adamas)

Et, finalement la Béatitude, point culminant de la remontée des êtres, au-
delà de l'Être même, rassemblera toutes les réalités émanées en leur
centre de convergence qui est l'Un.

ii) dans l'Histoire (122,26-30)

«Tu as donné puissance à l'un dans l'intellection, tu as donné puissance à
l'autre dans le devenir. Tu as donné puissance à ce qui est égal et à ce qui
n'est pas égal, à ce qui est ressemblant et à ce qui n'est pas ressemblant».

[124] *Ibid.*, III,2,1(10-13).
[125] *Enn.*, V 5,3(1-5): «Voilà une nature unique qui est la totalité des êtres; elle est donc
un grand dieu... le dieu universel, puisqu'elle juge bon d'être toutes les choses... elle est un
second Dieu».

En deça des êtres éternels se superposent les quatre races de l'Histoire identifiables ici grâce aux indices ayant déjà servi à les désigner antérieurement (118,25-119,15; 120,3-15). Ainsi, l'*intellection* renvoie à Adamas, en tant qu'Intellect-Père qui engendre sans être mis au monde (118,30-119,1); la puissance dans le *devenir* est accordée à Seth qui a ensemencé et a engendré la race vivante (119,2); *l'égal et l'inégal* peuvent être mis en relation avec la race de Seth, les *protoséthiens* établis dans la Vie là où se trouve leur racine, quoique étant présents aussi dans la *Déficience*; le *ressemblant* et le *non-ressemblant* évoquent la condition à la fois apparente et cachée de la semence de Seth engagée dans l'Engendré mais appelée elle aussi au salut (120,10-15).

Ainsi se trouve marqué le clivage entre deux ordres différents sous l'angle du salut: l'ordre de l'intellection, ou ordre de l'Unité (*égal, ressemblant*) qui est proprement divin et éternel[126], opposé à l'ordre de la Déficience (inégal, non-ressemblant), défini par le devenir[127]. La race et la semence de Seth portent, inscrite dans leur être, cette ambivalence de leur condition historique. Soit:

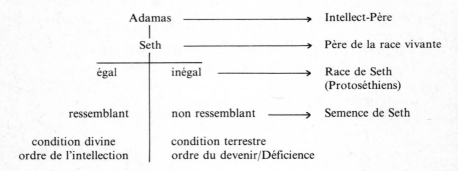

iii) dans l'Engendré (122,31-123,2)

«Tu as imparti une puissance, par genre et formes, dans l'Existant jusqu'à d'autres [...] et genre. Tu leur as donné puissance: voilà ce qui est caché là dans le cœur».

Jusqu'à présent nous avions † 6ⲟⲙ construit avec un datif (le destinataire) et ⲍ̄ⲛ introduisant l'ordre où la puissance se réalisait; mais ici nous

---

[126] *Ibid.*, II 9,6(30-34); 9,9(30-39).
[127] *Ibid.*, V 5,4(13).

avons †ϭⲟⲙ ϩ̄ⲛ ... ϩ̄ⲛ au sens de la puissance impartie aux êtres, qui les distribue en classes (ϩ̄ⲛ ... ⲱⲁ). Ce passage consacré aux degrés d'être oblige donc à traduire ϩ̄ⲛ ⲟⲩⲭⲡⲟ ⲙ̄ⲛ ϩⲉⲛⲉⲓⲁⲟⲥ par (*par mode de*) *genre* et (*de*) *formes* (*espèces*); dans ce cas, ⲡⲏ ⲉⲧⲱⲟⲟⲡ signifiera l'ὄν, c'est-à-dire le genre suprême de l'*être* (concret).

Le don de la puissance est lié au salut de manière que Barbélo s'identifie à ce don dans l'acte même qui la disperse au cœur des êtres.

d) *Diffusion du Salut dans les élus* (123,2-7)

«Et tu es sortie vers eux, et, par leur entremise, tu te dispenses parmi eux, et tu deviens Premier Révélé, Grand Intellect mâle. Ô Dieu-Père, Ô Enfant-Dieu!»

Le sens général semble assez clair: la sortie de Barbélo vers les élus assure la diffusion du salut dans sa phase initiale. Nous ne sommes donc plus ici au plan de la théogonie mais de l'anthropogonie: c'est par l'entremise des pneumatiques (ⲉⲃⲟⲗ ϩ̄ⲛ = ⲉⲃⲟⲗ ϩⲓⲧ̄ⲛ) que le salut se rendra présent dans le monde. A ce moment plérômatique de l'économie salvifique, Barbélo reçoit le nom de *Premier Révélé*, non en vertu d'une manifestation ouverte (qui revient à l'Autogène, au temps du salut), mais en vertu de sa révélation secrète au cœur des élus [128]. Elle devient *Grand Intellect mâle*, en raison de la puissance qu'elle a de communiquer la Sagesse sous la forme de la paternité parfaite ou de l'engendrement pneumatique.

Alors, comme *Noûs*, elle enfante la gnose en eux en s'enfantant elle-même dans le secret de leur cœur, devenant à la fois Père et Enfant. À ce sujet, Festugière rapporte que *Zeus* était appelé «celui qui est à la fois Père et Fils» [129] pour signifier son autogénération. Appliquée à Barbélo, cette formule voudrait exprimer que le Révélateur et le Révélé s'identifient dans le cœur de ceux qui appartiennent à l'Un. De la sorte l'élu qui prend conscience de son origine s'appréhende comme sauvé dans cet acte de reconnaissance: *Père* par l'illumination de sa conscience, il devient *enfant* en tant qu'engendré au salut.

---

[128] En Nor, 28,16-17, Noréa continue à «détenir ce qu'elle avait reçu avant le jour où le monde fut, possédant le grand *Noûs* de l'Invisible». Comme elle, les sauvés sont élus en Barbélo avant la création du monde.

[129] A.-J. Festugière, *La Révélation...* IV, p. 42, note 2.

3. *Vision du salut* (123,8-25a)

Ce passage explique le salut comme révélation de l'identité propre des élus, non pas le salut dans sa phase eschatologique mais dans le projet primordial d'enfantement des êtres pneumatiques. Et un rédacteur a profité du contexte pour y introduire un commentaire (123,14-22) sur le thème salvifique.

a) *Enfantement secret des sauvés* (123,8-14)

«Ô Engendreur de nombre selon la division de tous les vrais existants! Tu leur as révélé à tous une parole et tu les maintiens tous sans les mettre au monde (et) dans une éternité indestructible».

Barbélo est invoquée sous l'aspect de sa masculinité, comme *Engendreur de nombre*, c'est-à-dire de la multiplicité des êtres plérômatiques dans la diversité de leur nature essentielle. Étant à la fois *Être* et *Pensée*, elle engendre, en tant qu'Être, l'ensemble des êtres constituant le Plérôme; en tant que Pensée, elle conçoit (intellect) la diversité des existants émanés d'elle. Ainsi cet engendrement coïncide avec la prise de conscience d'elle-même comme Engendreur. En effet, la production de la multiplicité des existants vrais constitue l'archétype de l'enfantement des spirituels sur terre; la *parole* qui leur est communiquée, c'est leur essence spirituelle par participation au *Noûs*. Ce thème rejoint la doctrine néoplatonicienne de Numénius qui écrivait: «L'essence en possession durable de la science est identique chez le Dieu qui l'a donnée et chez toi et moi qui l'avons reçue»[130].

Barbélo apparaît ainsi comme médiatrice du salut, de ce salut anticipé, contemporain de l'anthropogonie. Voilà pourquoi la *parole* révélée aux vrais existants est mise en relation, d'une part, avec l'engendrement céleste du nombre des élus et, d'autre part, avec leur permanence dans l'incorruptibilité. Tout le processus de cette génération spirituelle se passe dans le Plérôme et n'implique aucun mouvement; aussi les êtres qui en sont nés sont-ils maintenus[131] dans une condition incorruptible jointe à une éternité indestructible.

---

[130] *Numénius* (Des Places), p. 55-56; cf. A.-J. FESTUGIÈRE, *o.c.*, p. 45-46.
[131] LIDDELL-SCOTT, 749b; CRUM, 230b: ογντακ ммαγ = ἐχεῖν + datif attributif.

b) *Dons du salut* (123,14-22)

«Par toi est venu jusqu'à nous le Salut: de toi provient le Salut; tu es
Sagesse de gnose. Tu es la Vérité: par toi est la Vie, de toi provient la Vie.
Par toi est l'Intellect, de toi provient l'Intellect; tu es l'Intellect, tu es le
monde de la Vérité».

Ce texte de saveur valentinienne développe le thème du Salut à la suite
d'une allusion au mythe de *Sophia* dans le passage précédent. Il fait appel
à une triple dyade: *Sophia-Salut, Vérité-Vie, Intellect-Intellect*, dont le
premier élément s'identifie à Barbélo et le second au don qui émane d'elle
et par elle. Sa médiation tire son efficacité des attributs fondamentaux
qui la constituent: étant la *Sophia céleste*, elle s'unit aux éléments
pneumatiques pour leur redonner le Salut par la gnose; étant la Vérité,
c'est-à-dire Lumière issue de la Lumière (ou Ombre et Gloire du Père),
elle enfante la Vie dans une floraison d'êtres (ombres émanées); Intellect,
elle diffuse l'intellection au cœur des élus. La trilogie *Salut-Vie-Intellect*
reprend en une autre formulation la triade *Existence-Vie-Pensée*, le Salut
tenant lieu alors de l'Existence (ὕπαρξις) en tant que terme du retour au
Père identifié à l'Un[132].

123,23-25a

Reprise du thème qui conclut chacune des quatre parties de la vision
(voir p. 86).

III. PRIÈRE FINALE
(123,25b-124,13)

Cette prière qui conclut la 2ᵉ Stèle nous offre un bel exemple de ce qu'a
pu être la prière des pneumatiques. Elle a un triple objet: le rassemblement des membres dispersés de la Sagesse-Barbélo, l'enseignement
comme participation à la contemplation et finalement le don de la
puissance qui sauve. Puisque Barbélo s'identifie à l'univers de l'Être et de
la Pensée, c'est à elle que les élus adressent leur prière: *Écoute! Sauve!*

---

[132] À comparer avec le frag. 15 de Numénius; d'ailleurs, connaître l'Un, c'est le salut
(3StSeth, 125,11-17,28-33).

1. *Barbélo partagée* (123,25b-30a)

«Ô Éon des Éons, c'est toi seulement qui vois purement les premiers éternels et les inengendrés, et les premières divisions sont telles que tu as été divisée».

Nous le savons, Barbélo est *le premier Éon* et aussi la *Productrice d'Éons*, une et multiple : elle porte donc en elle la totalité des êtres et des intelligibles[133]. Sa vision est qualifiée de *pure*, parce qu'elle réalise l'intuition directe de l'Un, intuition fondamentale instauratrice de l'Être et de la Pensée. Elle a vu les hypostases suprêmes (119,17-18 ; 121,20 ; 124,5 et 21) et a aussi contemplé, dans une vision anticipatrice, la diffusion dont elle devait être l'objet. Plotin dit qu'on peut *voir* de deux manières : ou une vision de l'objet éclairé, ou une vision de la lumière elle-même qui éclaire cet objet. Cette dernière manière, semblable à celle dont Barbélo se contemple, permet de voir «la lumière et son principe ... l'Intelligence alors contemple une lumière ... qui lui est apparue subitement, seule, *pure* et existant en elle-même»[134]. La vision du partage de Barbélo revient donc à la division virtuelle de la lumière en étincelles pneumatiques.

2. *Le désir du Salut* (123,30b-124,5a) (1er rédacteur)

«Réunis-nous tel que tu as été réunie. Apprends-nous ce que tu vois. Donne-[nous] puissance afin d'être sauvés pour la vie éternelle : car [nous] sommes, nous, une ombre de [toi] comme [...] une om[bre de celui qui est le] Préexistant Premier».

Cette triple demande fondamentalement gnostique résume le profond désir de tout élu d'anticiper l'eschatologie dans la σύλλεξις. L'enseignement demandé concerne cette didascalie qui assure la formation selon la gnose et la puissance qui est énergie de remontée assure le retour à l'Un-origine. Tous les élus, en effet, se savent issus de l'Un par

---

[133] L'expression «Éon des Éons» se rencontre souvent dans les *Papyrus Grecs magiques*, αἰὼν τῶν αἰώνων, dans des contextes cosmogoniques (Rà-Tout, Cosmokrator, Pantokrator, Géniteur de tous les êtres, Roi et Seigneur des Éons). A.-J. FESTUGIÈRE pense qu'elle signifierait «le Dieu cosmique personnifié, et tout ensemble le monde ἀπέραντος et le temps infini» ; *o.c.*, p. 182-199.

[134] *Enn.*, V 5,7(1-5), 20-22,33-35.

l'Un et doivent retourner au Premier Préexistant[135]. Cette prière ne peut manquer d'être exaucée car elle est fondée sur la nécessaire conversion de tout être vers son principe d'origine : les êtres issus de l'Ombre Première doivent, comme ombres émanées, réintégrer Barbélo-Lumière qui, elle, retournera, en tant que rayon émané, à son foyer d'origine, le Père Saint (123,2-3).

On peut aussi voir dans cette triple demande les trois étapes de l'ascension de l'âme : être rassemblé par l'Autogène (120,30), recevoir la révélation qui habilite à la vision (123,27-28) et être sauvé par le Père (125,11-16).

3. *La supplication finale* (124,5b-13)

«Écoute-nous d'abord : [nous] sommes des êtres éternels. Écoute-[nous] en tant que parfaits à titre individuel. C'est toi l'Éon des Éons, la Perfection totale, rassemblée. Écoute ! Écoute ! Sauve ! Sauve ! Nous rendons grâce ! Nous te bénissons en tout temps. Puissions-nous te rendre gloire !»

La prière des élus se fait instante ; elle se fonde sur le rappel de leur origine éternelle et sur le *Noûs* qu'ils ont reçu à titre individuel comme membre de la semence de Seth (121,2-4) ; émanés et dispersés dans ce monde de la déficience, ils aspirent au rassemblement final que Barbélo-παντέλιος[136] réalisera le jour où elle aura retrouvé son unité première, dans sa totale Perfection.

TROISIÈME STÈLE
(124,16-127,27)

La 3ᵉ Stèle consacrée à l'hypostase suprême, l'Inengendré, nous situe au terme de la remontée de l'âme à la suite des étapes précédentes d'identification d'elle-même à l'Autogène et d'unification de soi en

---

[135] Le Préexistant est appelé ici ⲡ[ⲏ ⲉⲧ]ⲣ̄ ⲱ̄ⲣ̄ⲡ̄ ⲛ̄ⲱⲟⲟⲡ pour être distingué de Barbélo, Préexistant-image ; ce qui rejoint les dénominations de Premier Dieu et de Deuxième Dieu qu'on retrouve dans le néoplatonisme, chez Numénius et Plotin. Cf. Numénius, frag. 11, 12, 15, 16, 19, 22 ; et *Enn.*, V 5,3.

[136] Selon LIDDELL-SCOTT : παντέλιος (1300a) est une forme tardive de παντελής ; on la rencontre chez Théophraste, Porphyre, Proclus ; elle est néoplatonicienne. Παντέλιος au sens actif signifie *all accomplishing*.

Barbélo. La logique de l'ineffabilité postulait que rien ne pût se dire d'autre de l'Esprit Inengendré sinon qu'il est transcendant, antérieur à toute attribution, innommable, indicible. Nul nom ne lui convient quoique tous les noms aient leur fondement en lui; nul attribut ne peut le décrire positivement, seul le discours apophatique peut l'exprimer parce qu'il nie de lui toute qualité.

PRÉAMBULE : LA JOIE DE L'EXTASE
(124,17-21a)

«Nous nous réjouissons! Nous nous réjouissons! Nous nous réjouissons! Nous avons vu! Nous avons vu! Nous avons vu celui qui est le Préexistant réel, qui existe réellement, qui est le Prééternel».

Les cris de joie rituels accompagnent toujours l'illumination et la vision. Par exemple, dans l'OgdEnn, au terme de la révélation les élus se réjouissent: «Embrassons-nous l'un l'autre, ô mon enfant, avec amour. Réjouis-toi de ceci... la puissance qui est lumière arrive jusqu'à nous»[137]; même exultation dans la prière de l'Asclepius: «Nous nous réjouissons d'avoir été illuminés par ta gnose»[138], avec répétition en trois fois de «Nous nous réjouissons».C'est le χαῖρε rituel qui célèbre la grâce de l'intellection[139]. La vision dans la lumière, la recherche de la *théôria* ou de l'*époptie* au cours d'un rite d'illumination constituent des traits communs à l'hermétisme et aux religions à mystère des premiers siècles[140].

Le Préexistant, c'est le Principe sans principe (cf. commentaire de 121,26), absolument transcendant et identifié à l'Un. Qu'il s'appelle «Préexistant» ou «Prééternel», le préfixe *pré* (ϣορπ̄) qui traduit le grec πρό met en évidence son absolue transcendance, comme origine première de tout, au-delà de l'être même. Si tout part de lui et revient à lui, il correspond à l'Infini, l'Éon parfait des Valentiniens[141]. Les *Fragments*

---

[137] OgdEnn 57,26-31.
[138] J.-P. MAHÉ, *Hermès en Haute Égypte* (BCNH, Section «Textes», 3) Québec, 1978, p. 134-167; voir PriAcGr, 65,15-16.
[139] Cf. *CH.*, X,4-5; XIII,18ss. Pour d'autres références, voir J.-P. MAHÉ, *o.c.*, p. 111.
[140] Cf. A.-J. FESTUGIÈRE, *L'idéal religieux des grecs et l'Évangile*, Paris, 1932; F. CUMONT, *L'Égypte des Égyptiens*, Bruxelles, 1937; ID., *Lux Perpetua*, Paris, 1949.
[141] Cf. *Adv. Haer.*, I,1,1; voir F. SAGNARD, *La Gnose valentinienne et le témoignage de Saint Irénée* (Études de Philosophie médiévale, 36), Paris 1947, tout le chap. 8.

extraits de Stobée apportent cette précision : «Le Pré-étant est tel parce qu'il est au-dessus de tous les étants et des véritablement étants»[142].

Ordinairement ces cris rituels expriment l'enthousiasme que la vision de l'Ineffable engendre chez les fidèles et doivent être mis en rapport avec l'usage liturgique que faisait une communauté de ces hymnes. La suite de la Stèle reflète d'ailleurs nettement cette destination du texte : invocations, bénédictions et litanie se succèdent pour magnifier la Transcendance qui s'est manifestée.

I. INVOCATION DE L'INENGENDRÉ
(124,21b-35)

Cette invocation, vraie litanie des attributs de l'Inengendré, ne le décrit pas en lui-même mais en fonction des relations diverses que les êtres entretiennent avec lui, relations d'origine et de dépendance.

1. *À l'origine du Plérôme* (124,21b-25a)

«Ô Inengendré, de toi proviennent les êtres éternels : et les Éons ces êtres entièrement parfaits rassemblés, et les parfaits à titre individuel».

En tant qu'Inengendré, l'hypostase première *n'est pas*, en ce sens qu'aucun changement ni aucune mutation ne peuvent l'affecter. C'est pourquoi, étant hors d'atteinte de tout devenir, il engendre les entités qui émanent de lui, sans que quelque modification que ce soit survienne en lui. Par extension, seront appelés «inengendrés» tous ceux qui viennent à l'être selon ce mode d'engendrement : l'Autogène (119,22) et les entités plérômatiques (123,28). Le concept d'*inengendré* renvoie donc à celui d'incorruptibilité : absence de commencement et absence de corruption finale.

Les êtres qui dérivent de lui, tous éternels, sont ici divisés en deux catégories : 1) d'une part, les Éons qualifiés d'entièrement parfaits car ils constituent les archétypes dans leur pureté native, ou alors les élus qui ont pris conscience du salut apporté par l'Autogène et sont ainsi parvenus à la perfection (121,5-8 ; 123,8-9) ; 2) d'autre part, les êtres

---

[142] *Stob.*, XXI,1.

parfaits à titre individuel qui portent en eux la semence divine symbolisée par Barbélo-la-Cachée, qui doit monter au clair de leur conscience (121,3-4). Ils sont éternels par vocation.

2. *Béni comme le Transcendant* (124,25b-35a)

« Nous te bénissons, ô Non-être ! Ô Existence antérieure aux existences ! Ô Proto-Essence antérieure aux essences ! Père de la Divinité et de la Vitalité ! Créateur d'Intellect ! Dispensateur de Bien, Dispensateur de Béatitude ! [Nous] te bénissons tous, ô toi [qui] détiens toute science, dans une bénédiction, [en te rendant gloire] ».

Tous ces attributs nuancés et diversifiés tendent uniquement à faire ressortir la transcendance totale de l'Inengendré. D'abord, il est appelé *Non-être* pour notifier l'absence en lui de toute substantialité et, par ce biais, justifier l'impossibilité de le connaître ou de le nommer. Dans Mar, le *Non-être* est identifié à Celui qui habite le Silence et à l'Existant[143] ; l'Allog abondera, dans son exposé, d'attributs transcendants, par la *via negationis*, pour signifier l'incognoscibilité du Dieu suprême, à la fois « Non-être d'existence et Existence non substantielle »[144]. Cette dernière caractéristique se retrouve aussi en Zost[145], dans un passage très lacuneux où il est question de la « Première existence non substantielle » pour désigner soit la Déité première elle-même, soit la première puissance issue d'elle, à l'instar des 3StSeth où Barbélo reçoit aussi le titre de *Non-être* (121,30).

À la suite de ces passages parallèles, l'Inengendré apparaît comme l'Être infini, ineffable, indéfinissable ; ou, selon *CH*, I, 8, comme « la forme archétypale, le Préprincipe (πρόαρχον) antérieur au commencement sans fin ». Plotin, pour sa part, apporte deux raisons pour lesquelles il est « au-delà de l'essence » : « Il est puissance de toutes choses, tout être est son effet » et, donc, « il n'est pas égal à tout être »[146]. Toute cette litanie d'attributs renvoie à la doctrine des moyen-platoniciens du IIe siècle (Albinus, Apulée, Maxime de Tyr, Numénius)

[143] Cf. Mar, 4,21-22 ; ⟨7⟩,24ss.
[144] Allog, 61,4-66,32 ; 62,23.
[145] Cf. Zost, 79,6-7.
[146] *Enn.*, V 4,2(33-44) ; cf. *ibid.*, 3,1(12-23). Voir aussi à ce sujet M. TARDIEU, *Trois mythes gnostiques* (*EA*), Paris, 1974, p. 20, note 33.

qui, tout en reconnaissant l'incognoscibilité de Dieu *en soi*, prédiquent de lui des attributs par les voies de la transcendance, de la négation ou de l'analogie[147].

Ainsi, toutes ces appellations du Père peuvent se regrouper selon la triade néoplatonicienne:

EXISTENCE	VIE/ÊTRE	INTELLECT
Proto-Existence	Père	Dispensateur de Bien
Proto-essence	Créateur	Dispensateur de Béatitude

P. Hadot note que «l'identification explicite entre l'Un et le Père, l'Un et l'Être pur (ὕπαρξις) est caractéristique de Porphyre qui, en cela, s'opposait à tout le néoplatonisme postérieur. On lui reprochera également d'identifier le Père de la triade avec la Cause première»[148]. En fait, il s'agissait d'une reprise de la thèse des Oracles Chaldaïques[149], selon laquelle le Père est identifié à l'Un (Monade Paternelle) de qui sont issues toutes choses.

La lacune de 124,35 semble pouvoir être comblée facilement; elle est de 5 ou 6 lettres et la formule qu'elle suppose se rencontre dans des contextes similaires de bénédictions (cf. 124,13; 126,22). On peut donc y lire ⲉⲛⲉϯ ⲉⲟⲟⲩ, *en rendant gloire*.

II. LA TRANSCENDANCE DE L'ESPRIT
(124,35b-126,17)

1. *L'Esprit ineffable* (124,35b-125,9)

«(Toi) celui à cause de qui [...] tous. Tu [...], celui qui te connaît [par toi-même]. Il n'est personne, en effet, qui soit en [acte] devant ta face. Tu es [l'Es]prit seul et vivant et qui sait de l'Unité, que cette Unité qui est tienne, aucunement, nous ne pouvons la dire»!

Avec 124,35 commence la deuxième partie de l'hymne consacrée à la nature de l'entité divine que l'on célèbre; l'affirmation fondamentale, ici, sera de reconnaître l'absolue transcendance de l'Inengendré. Il est

---

[147] A.-J. FESTUGIÈRE, *La Révélation...*, IV: *Le Dieu inconnu et la Gnose*, Paris, 1954, p. 95-104.
[148] P. HADOT, *Porphyre et Victorinus*, p. 258.
[149] Cf. *Oracles Chaldaïques* (éd. Des Places), fr. 7,10,11.

d'abord l'Esprit ineffable c'est-à-dire Celui qui ne peut être connu que de lui-même, ou comme le dit l'*Asclepius* (latin): «il n'est perceptible et intelligible que pour lui seul»; et ce même texte conclut par l'affirmation de la transcendance absolue de l'action divine: «sans lui, rien n'a été, rien n'est, rien ne sera. Car tout vient de lui, tout est en lui, tout est par lui»[150]. À partir de cette dernière notation, on peut comprendre le passage présent des 3St Seth; *il n'est personne qui soit en acte devant ta face*; le sens revient à dire: il n'est point d'autres principes en acte, en comparaison de toi. Ainsi l'expression grammaticale M̄M̄N ⲗⲁⲁⲩ... ⲍⲁ ⲧⲉⲕⲉⲍⲏ signifierait un superlatif absolu.

L'Inengendré est ici appelé l'Esprit, πνεῦμα. ⲟⲩⲁⲁϥ traduit μόνος[151] «seul» ou «à part», «séparé», (Crum 470b), pour signifier la transcendance absolue. Que le Père invisible soit μόνος, il est séparé de toute autre réalité, il est unique; «il l'est par lui-même, dit Plotin, il se complaît en lui-même et il n'a rien de supérieur à lui»[152]. Rappelons qu'il est aussi appelé ⲙⲟⲛⲁⲥ (121,33), mais cet attribut montre surtout son indivisibilité. Qu'il soit appelé Esprit, cette notation est toute stoïcienne et non néoplatonicienne. Dans un contexte similaire, chez Marius Victorinus, où il est question de la transcendance du Père «non séparé de soi-même», il est aussi appelé Esprit. P. Hadot propose une explication qu'il qualifie de «très hypothétique»: il s'agirait d'une transposition platonicienne du stoïcisme[153].

Ainsi donc, dire de l'Inengendré qu'il est *Pneuma*, c'est affirmer qu'il est la Perfection, le Principe de toute perfection. C'est reconnaître que, dans sa totale altérité, il est Principe et fin de tout. Ce que la suite du texte va établir.

2. *L'Esprit sauveur* (125,10-17)

«Elle brille, en effet, sur nous ta lumière. Ordonne-nous de te voir pour être sauvés: ta connaissance, c'est elle notre salut à tous. Ordonne! Si tu

[150] *Corpus Hermeticum*, II: *Asclepius* 34,24-26, éd. A. D. Nock et A.-J. Festugière, Paris, 1945; en TracTri, 54,40-55,14, on trouve sous la forme d'une explication théologique assez poussée le sens de cette sentence: «le Père est seul à se connaître».

[151] Remarque grammaticale: ⲡ̄ⲛ̄ⲁ est précisé par trois déterminants, un adjectif ⲟⲩⲁⲁϥ et deux participes (prés. circ.): ⲉϥⲟⲛ̄ⲍ et ⲉϥⲥⲟⲟⲩⲛ ⲉⲟⲩⲁ; on ne peut donc les séparer et traiter ⲉϥⲥⲟⲟⲩⲛ comme un présent absolu. D'autre part, les lignes 8-9 introduites par ⲭⲉ pourraient n'être qu'une glose, avec répétition du sujet (ⲡⲓⲟⲩⲁ), insistant sur l'idée de l'Esprit seul à se connaître.

[152] *Enn.*, VI 8,7(38). Voir à ce sujet F. Morard, «Monachos, moine. Histoire du terme grec jusqu'au 4ᵉ siècle», *Freiburger Zeitschrift für Philosophie und Theologie*, 20 (1973), p. 340-346.

[153] *Adv. Arium*, I,50,4-8.

ordonnes, nous voilà sauvés! Effectivement, nous avons été sauvés: nous t'avons vu en intellect».

Tout ce passage tend à *démontrer* que l'Inengendré, bien qu'il soit innommable et inconnaissable par nature, a voulu quand même être connu et a mis en place tout un dispositif de vision qui constitue le salut même des élus.

Cette section a valeur de démonstration et s'adresse aux élus; les «*en effet*» qui ponctuent (5 fois) le texte, des lignes 10 à 30, introduisent les raisons de croire que le salut est possible, à savoir: l'illumination, la vision en intellect, la volonté plérômatique du salut, l'économie et l'identification à l'Esprit.

L'*économie* du salut consiste dans la liaison entre «*ordre*» — «vision» — «salut» (gnose) et «*union intellective*». Cette disposition décrétée par le Plérôme commande tout le dispositif salvifique: Adamas-Autogène voit la lumière et manifeste les lumières et les êtres; Barbélo dont l'être-lumière vient de la Lumière première engendre les êtres éternels par rayonnement; et l'Inengendré, au-dessus de tous, illumine pour faire être et donner le salut.

Cette doctrine du lien entre la lumière et la vision est constante dans la littérature mystique des premiers siècles, mais a sa source dans les développements du *Timée* sur ce thème[154]. Chez Plotin également, la vision directe de l'Un qui ne peut être qu'un don divin s'opère par l'illumination de l'intellect: la lumière elle-même constitue la vision[155].

Dans les 3StSeth le binôme *voir-être sauvé* est à rapprocher de l'autre *donner puissance-être sauvé* (123,1). Dans les deux cas, *voir* et *donner puissance* correspondent à la surdétermination d'un sujet ou d'une faculté, devenus désormais habilités à un acte au-dessus de leur nature propre. Donc recevoir la puissance c'est recevoir la gnose, cette connaissance identifiante qui élève l'élu à la hauteur de l'Inengendré. C'est avoir trouvé la réponse aux angoisses gnostiques: «Où étions-nous? Que sommes-nous devenus? Qu'est-ce que la régénération?»[156]. Désormais, l'élu qui a vu l'Un est devenu un λογικός ou un πνευματικός: «En se transportant vers Lui, dit Plotin, les âmes sont des dieux; un dieu, c'est un être attaché à l'Un»[157].

Bien plus, voir Dieu, c'est *se voir*: le salut, en effet, consiste dans la *metanoïa*; toute descente en soi pour se trouver est ascension au Plérôme

---

[154] *Timée*, 45B-46C; 64DE; 67E; *Rép.* VI,507C-508C.
[155] Cf. *Enn.*, V 5,8(25): cf. *ibid.*, 5,7 en entier; VI 7,36(20): αὐτὸ τὸ φῶς τὸ ὅραμα ἦν.
[156] *ExtrTheod.*, 78,2.
[157] *Enn.*, VI 9,8(8).

pour voir. Barbélo, dans son être et dans son intellect, est le symbole de l'élu : en voyant l'Un, elle est ; en le contemplant, elle se pense[158]. Il en est de même de l'élu qui a reçu l'illumination.

Ainsi, *voir en intellect*, c'est, pour l'élu, prendre conscience de la dimension cachée en lui-même (122,14 ; 123,5,21). Or, le mystère qui se révèle en chaque sauvé, c'est sa relation à Barbélo dans sa fonction essentielle de didascalie (123,32) mise ici en relation avec sa nature même d'intellect et de monde de la Vérité (123,21-32).

C'est donc dire que les élus, ombres de Barbélo-Ombre du Père, ne peuvent voir l'Un que dans le *Noûs* (124,2ss). Ainsi, dans la mystique gnostique, comme dans l'hermétisme, les yeux du corps ne peuvent voir Dieu[159] qui n'est visible qu'à l'intellect et au cœur[160]. Une fois illuminé, l'élu est engendré à la vie nouvelle dans l'intellect[161] et expérimente alors la prise de conscience de son moi, de sa nature intime : «Père, je vois le Tout et je me vois moi-même dans l'intellect. — C'est là précisément la régénération, mon enfant»[162].

3. *Glose: L'Esprit n'est pas un sauveur à sauver* (125,18-22) (2ᵉ rédacteur)

«Toi, tu es tous ceux-ci puisque, en effet, tu les sauves tous, toi qui n'as pas été sauvé, ni n'as eu à être sauvé par eux. C'est toi, en effet, qui nous as donné un ordre».

Voir, c'est se sauver parce que la vision fait connaître la divinité et assimile à elle. En effet, connaître par l'intellect consiste en une conversion vers l'Un dans un mouvement de remontée vers lui, à l'instar de l'Autogène qui est «sorti de l'Un par l'Un et est (re)venu à l'Un» (120,33-34), et de Barbélo qui réunit la perfection dispersée (123,30-31 ; 124,9-10). Par exemple, chez Plotin, la contemplation de l'Un fait des élus des dieux, car toute contemplation de l'Un doit se terminer dans l'union avec lui[163]. Ainsi, dans les 3StSeth, alors que l'Autogène réunissant le Tout à

---

[158] Cf. *Enn.*, V 3,7 en entier.

[159] Cf. *CH.*, XIII,3,20ss ; cf. *ibid.*, 7,5-6 ; 10,24-25.

[160] Cf. *CH.*, VII,2 ; X,4,1ss.

[161] Cf. *CH.*, XIII,3,16 : «Voyant en moi-même une vision immatérielle produite par la miséricorde de Dieu, je suis sorti de moi-même pour entrer dans un corps immatériel et je ne suis plus maintenant ce que j'étais, mais j'ai été engendré dans l'Intellect».

[162] *CH.*, XIII,13,3-5.

[163] Cf. *Enn.*, VI 9,9(17-21). Aux l. 19-20, ⲡⲏ ⲉⲧⲉ ⲛ̄ⲛⲁⲩⲛⲁ2ⲙⲉϥ ⲁⲛ... est une construction anormale avec un parfait I (H. J. POLOTSKY, *Collected Papers*, p. 246, § 18). À moins que l'on prenne ⲛ̄ⲛⲁⲩ pour ⲉⲛⲛⲉⲩ, soit un futur III, et qu'on traduise: *Toi qu'on ne saurait sauver*.

partir de toutes choses se rassemble lui-même et se sauve (120,31), Barbélo, elle aussi, doit retrouver son unité primordiale et reconstituer la Perfection dispersée (123,30-31; 124,9-10). Cependant l'Esprit, lui, accueillant en son unité tout être, reste immobile et transcendant: il sauve donc sans avoir besoin d'être sauvé.

4. *L'Esprit Un* (125,23-28a)

«Tu es Un! Tu es Un de manière qu'on dira de toi: tu es Un! Tu es l'Esprit seul vivant! Comment pourrions-nous te donner un nom? Nous ne l'avons pas».

Le commentaire commencé en 125,10 continue, centré cette fois sur l'Un et son innommabilité. Nous savons déjà (125,8-9) qu'aucune langue humaine n'est habilitée à prononcer son nom, sauf à nommer ses manifestations comme l'Autogène (119,20-22). Cette ineffabilité de Dieu constituait un thème important du Moyen-Platonisme (Albinus, Apulée, Maxime de Tyr, Celse, Numénius): si l'on peut connaître son existence, on ne peut saisir son essence. Mais comme il veut être connu, la seule voie d'accès à cette connaissance est la vision intellective[164]. Autrement, comment pourrait-on lui donner un nom, lui qui n'est pas saisissable par les sens? Toute approche autre que par le *Noûs* ne sera que connaissance analogique.

Pourtant, par trois fois, l'Inengendré est appelé «Un» et aussi «Esprit seul», «vivant», laissant croire qu'il est malgré tout susceptible de recevoir des appellations. Il n'y a pas de contradiction. Le problème est posé explicitement chez Plotin qui le résoud ainsi: «En réalité, aucun nom ne lui convient; pourtant, puisqu'il faut le nommer, il convient de l'appeler Un, mais pas en ce sens qu'il soit une chose qui a ensuite l'attribut de l'Un»[165]. En effet, seul l'être pourrait, étant une forme, recevoir un nom mais l'Un est au-delà de l'Être, il est dissemblable de tout le reste.

5. *Glose: l'Esprit s'identifie à tout l'Être* (125,28b-126,4a)

«Toi, en effet, tu es l'Existence de tous ceux-ci: Toi, Tu es leur vie à tous; Toi, Tu es leur intellect à tous. C'est en Toi que tous ils exultent. Toi, Tu leur as ordonné à [tous d'être sauvés] par ta par[ole...]».

---

[164] Cf. A. J. FESTUGIÈRE, *La Révélation...*, IV: *Le Dieu inconnu et la Gnose*, p. 95-140.
[165] *Enn.*, VI 9,5(31ss).

Ce qui semble être ici une glose tente de justifier l'ineffabilité de l'Esprit: pouvant s'identifier à tout être, sa polyonymie conséquente explique l'impossibilité de lui donner un nom. En effet, il s'identifie à l'universalité de l'être, étant à la fois existence, vie et intellect de toutes choses sans être aucune d'elles en particulier; il est leur principe et leur fin[166]. Cette doctrine de la polyonymie de Dieu, remarque Festugière, est un phénomène fréquent dès la fin de l'âge hellénistique: par exemple, pour le *Péri Kosmou*, il s'explique par la pluralité des effets nouveaux attribuables à leur cause unique, Dieu; dans l'hermétisme, il reçoit autant de noms parce qu'il est tout et que tout est issu de lui[167].

Ainsi, en s'identifiant à la triade «existence-vie-intellect», l'Un des 3StSeth remplit le rôle que Platon reconnaissait au Bien: «Tous les êtres intelligibles, c'est-à-dire les véritables êtres, ne tiennent pas seulement du Bien leur intelligibilité, mais ils tiennent encore de lui leur être et leur essence, quoique le Bien lui-même ne soit point l'essence, et qu'il soit fort au-dessus de l'essence, comme de l'intelligence, en puissance et en dignité»[168].

L'assimilation des élus à l'Un provoque leur joie (cf. 124,17). Cette exultation de tous dans l'Un accompagne toujours le terme de l'illumination; selon Plotin, l'élu qui se «tourne vers l'Un» le voit et «se réjouit de le contempler ... (il) est dans une stupeur joyeuse»[169]; initié, Tat exultera lui aussi: «Puissances qui êtes en moi, chantez l'Un et le Tout ... Sainte connaissance, illuminé par toi, c'est grâce à toi que je célèbre la lumière intelligible et me réjouis dans la joie de l'intellect»[170]. Cette joie est donc celle de l'intellect rempli de la lumière divine.

Le passage de 126,1-4, très lacuneux, conclut tout ce long commentaire indistinct du texte lui-même et met en évidence l'économie divine du salut: être sauvé est une disposition mise en place dans le Plérôme par le moyen de la parole qui sauve (cf. 123,10-12).

6. *Sa transcendance absolue* (126,4b-17)

«Ô Toi... antérieur à soi-même. [Ô Ca]ché! Ô Bienheureux Sénaon, engendré de soi-mê[me!...]néou! Optaôn! Élémaôn, la grande puissance!

---

[166] Cf. *Enn.*, V 2,1 (1-4); voir MOREAU, *Plotin*, p. 74-77; *CH.*, V,9-10.
[167] Cf. A. J. FESTUGIÈRE, *o.c.*, p. 65-70 qui cite le Περὶ Κόσμου: «Il reçoit autant de noms qu'il y a d'effets nouveaux dont il se montre la cause».
[168] *Rép.*, VI, 509 B.
[169] *Enn.*, VI 7,31.
[170] *CH.*, XIII, 18,4-5.

Émouniar! Nibaréou! Kandèphoré! Aphrèdôn! Deiphaneus! C'est Toi Armèdôn pour moi! Ô Engendreur de puissance! Thalanathéou! Antitheus! C'est Toi qui existes en Toi-même, Toi qui es antérieur à Toi-même, et, Toi excepté, personne ne s'est mis en activité».

Cette litanie juxtapose des noms difficiles à interpréter même étymologiquement. On en trouve certains dans des listes semblables d'autres traités de Nag Hammadi; par exemple, dans Allog et Zost [171], ces êtres sont appelés des *Gloires* ou des *Lumières* et sont généralement qualifiés de *parfaits*, de *grands*, de *grande Puissance*, ce qui les situe au niveau de la déité suprême.

Insistant sur la transcendance de l'Un, il est dit de lui qu'il est «existant en soi», «antérieur à soi». Dire qu'il existe en soi, c'est avec emphase lui refuser toute dépendance ou appartenance [172]. L'antériorité à soi-même ne peut être comprise dans un sens temporel — tout se passe dans l'Incorruptible — mais en un sens métaphysique. L'Inengendré, en effet, pré-existe, même, il est le Pré-existant premier (124,5) au sens où Irénée décrit le Propère valentinien (*Adv. Haer.*, I,1,1). Plotin dira plus explicitement: «Son acte fait un avec sa production et, en quelque sorte, avec sa génération éternelle» [173]. C'est-à-dire que, pour l'Un qui est au-delà de l'être, l'exister et l'agir sont identiques. En fait, cette antériorité à soi-même contient une affirmation plus radicale: il est au-delà de toute idée d'être connue, il est Non-être [174]. S'il est tel, aucun nom ne peut l'exprimer adéquatement et la langue mystique pourra librement l'appeler et l'invoquer en une suite de vocables secrets: Sénaon, Optaôn, Émouniar, etc.

En 126,11-12, il faut comprendre «C'est toi Armèdôn pour moi» comme une glose introduite ici sous forme d'une aspiration ou d'une oraison jaculatoire du scribe.

---

[171] *Allog.*, 54,12-35; Zost, 86,13-20; 88.

[172] Cf. *Enn.*, VI 8,11(32-35).

[173] *Enn.*, VI 8,17(27).

[174] PLOTIN consacre un chapitre entier à cette antériorité de l'Un. Parce que l'Un se produit lui-même, il existe avant lui-même, comme antérieur à la production de soi. Donc, «il ne faut pas craindre de poser un acte (ἐνέργεια) sans un être qui agit, puisque c'est l'acte premier; mais il faut penser que cet acte est lui-même son sujet» (VI 8,20,9-11). Son être fait donc *un* avec sa production et, en quelque sorte, avec sa génération éternelle. Finalement Plotin n'admet pas le concept de *préexistence* et pour lui, en conséquence, l'Un est «premier, sinon par le rang, du moins par sa souveraineté et sa puissance qui sont absolument indépendantes» (*ibid.*, 32-33). Et rejoignant le concept valentinien de Pré-principe (προ-άρχον), il dira: «Il commande veut dire ici qu'il n'y a rien avant lui» (πρὸς τὸ πρὸ αὐτοῦ, ὅτι μηδὲν ἦν).

En 126,16s, ⲁⲩⲱ ⲙ̄ⲙ̄ⲛ ⲛ̄ⲥⲱⲕ ⲙ̄ⲡⲉⲗⲁⲁⲩ ⲉⲓ̈ ⲉⲩⲉⲛⲉⲣⲅⲉⲓ, la préposi-
tion ⲛ̄ⲥⲱ doit-elle être prise comme le *status pronominalis* de ⲛ̄ⲥⲁ et
signifier «toi excepté» ou «en dehors de toi»? Car ⲛ̄ⲥⲁ n'a pas de *status
pronominalis* sauf dans l'expression ⲛ̄ⲥⲱϥ[175]. Le présent contexte
centré sur la transcendance de l'Un oblige à choisir comme sens: «Et, toi
excepté, personne ne s'est mis en activité».

III. BÉNÉDICTION FINALE
(126,18-34)

«Comment pourrions-nous Te bénir? Nous n'en avons pas le pouvoir.
Cependant, nous Te rendons grâce comme prostrés devant Toi, car Tu
nous as donné l'ordre, en tant que l'Élu, de Te rendre gloire dans la
mesure où cela nous est possible. Nous Te bénissons parce que nous
avons été sauvés pour toujours en te rendant gloire. C'est pourquoi,
puissions-nous te rendre gloire afin d'être sauvés pour un salut éternel.
Nous T'avons béni parce que cela nous est possible: nous avons été
sauvés parce que Toi Tu l'as toujours voulu. C'est ce que nous faisons!
C'est ce que nous faisons tous! [....] non [....]».
Bénir l'Un n'est pas au pouvoir de l'homme: jamais la louange ne
pourra égaler la transcendance de l'Un. Mais reconnaissant leur humilité
devant l'Esprit, les fidèles peuvent, dans la mesure du possible, lui rendre
gloire et grâce.
Bénir, en effet, n'est pas au pouvoir de l'homme parce qu'il ne peut
s'adresser à l'Un ni parler de lui. Ce lieu commun est courant dans
l'hermétisme: «Où se tourner le regard quand je veux te bénir, en haut,
en bas, au dedans, en dehors?... Tout est en toi, tout vient de toi»[176].
C'est dire que sans l'illumination et la vision, la bénédiction n'est pas
possible. Aussi, réciter une *eulogie* a ce double effet d'illuminer et de faire
voir, tout en rendant possible l'action de grâces: «Grâce à ton hymne et à
ton eulogie, mon intellect a été illuminé à plein»[177]. De toute manière, il
ne sera jamais possible de louer la déité suprême selon ses mérites,
«puisque nos discours ne sont pas de force à les égaler»; cependant, de
même que les nouveau-nés, ne pouvant célébrer leur père dignement,
«selon leurs moyens, (...) s'acquittent de leur devoir comme il convient,

---

[175] TILL, § 197, 235. ⲉⲓ̈ ⲉⲩⲉⲛⲉⲣⲅⲉⲓ (126,17) traduit ἔρχομαι εἰς au sens de *se mettre à,
commencer à* (LIDDELL-SCOTT, 694b et 695a).
[176] *CH.*, V 10,10.
[177] *CH.*, XIII 21,209(3).

(...) et obtiennent toute indulgence» [178], ainsi en est-il des sauvés. La bénédiction signifie à la fois illumination et salut et action de grâces. Cependant, on ne peut pas ne pas noter un certain imbroglio dans tout ce passage: bénir n'est pas possible et possible à la fois (comparer 1.17-18 et 24,29). C'est que sans illumination il n'y a pas de salut et sans salut l'eulogie devient sans objet. Cependant, si d'être illuminé constitue le salut, alors les sauvés identifiés à l'Un peuvent le bénir en action de grâces.

IV. CONCLUSION
(127,1-26)

1. 127,1-6a

Ce passage totalement lacuneux contenait peut-être l'indication de la fin de la 3ᵉ Stèle, autrement on ne voit pas où elle s'arrêtait. De toute façon, qu'il y eût ou non une telle indication, la Stèle était terminée, puisque immédiatement après commençait la suite des notes liturgiques.

2. *Parénèse* (127,6b-12)

«Celui qui en fera mémoire et rendra gloire en tout temps, puisse-t-il devenir parfait parmi les parfaits et les impassibles, loin de toute chose. Car tous disent ces bénédictions individuellement et en commun».

Ce passage, sous la forme d'un souhait final, promet la perfection et l'impassabilité à qui refera le geste des ancêtres (d'abord, de Dosithée en gardant mémoire de ces Stèles, puis de Seth en rendant gloire); il aura part à la liturgie céleste parmi les élus. L'efficacité de cette liturgie n'est-elle pas justement de rendre l'initié semblable au Père, «immobile et inébranlable» ou «impassible» [179]? L'ApocrJn est assez explicite sur le thème: «Ils seront sauvés et deviendront parfaits, ils seront dignes des Grandeurs; ils seront purifiés en ce lieu de toute méchanceté et des soucis de la malice; ils ne se souviendront de rien sinon de l'incorruptibilité seule» [180]. On ne pourrait trouver meilleur commentaire de ce souhait final: devenir parfait et être rendu digne des Grandeurs se trouvent être liés à l'état final des sauvés; la purification étant achevée, ils acquièrent l'impassibilité qui les tient à distance de toute atteinte du mal.

[178] *CH.*, XVIII 12,13-16.
[179] Cf. *Enn.*, V 9,11; *CH.*, X 6 et 7; XIII 22: voir A. J. FESTUGIÈRE, *La Révélation...*, IV, p. 241-257.
[180] ApocrJn, (II) 25,25-35.

Enfin, puisque c'est l'eulogie qui rend parfait, c'est elle aussi qui réunit les parfaits de la terre (*les parfaits à titre individuel*) et ceux du Plérôme (*les parfaits rassemblés*) représentés peut-être, dans cette action liturgique, par une partie de la communauté. En effet, cette célébration qui est représentation de la liturgie céleste recrée symboliquement l'unité du Plérôme.

3. *Rituel de récitation des Stèles* (127,13-21a)

«Et après cela, ils garderont le silence. Puis, selon la manière qui leur a été fixée, ils vont (lisent) en montant; ou bien, après le silence, ils partent en descendant de la troisième, ils disent la seconde bénédiction et puis la première. Le chemin pour monter est le chemin pour descendre».

De toute évidence, il s'agit là d'une rubrique liturgique sur la manière dont l'assemblée devra célébrer la triade en récitant les hymnes.

Le silence imposé après la première récitation est une dramatisation de l'identification à l'Inengendré qui est «Abîme» et «Silence»[181]. C'est donc le moment de la purification totale du fidèle et de son assimilation à la divinité. À moins qu'il ne s'agisse, plus simplement, du silence de recueillement préalable à l'illumination, qui correspondrait à ce que les maîtres spirituels appellent le *sommeil des puissances*, c'est-à-dire l'arrêt de l'activité des facultés inférieures[182].

Le rituel prévoit une double lecture du texte : l'une directe, dans le sens de la montée, partait de la louange de l'Autogène pour se terminer par celle de l'Inengendré; l'autre se faisait en sens inverse. Que pourrait signifier ce mouvement de *montée* et de *descente*?

Il y aurait là, peut-être, une lecture dramatisée de la chute et de la conversion. À ce sujet, un texte de C. Tresmontant expliquant en quoi réside la sagesse d'après Plotin peut nous éclairer. Elle consiste «à reprendre conscience, à nous ressouvenir de notre essence divine». Cependant, cette reprise de conscience s'opérera d'une manière bien particulière. «Le mouvement de retour, la conversion, l'*épistrophè*, consiste essentiellement à refaire le chemin inverse de celui qu'ont suivi la procession et la chute. Il s'agit de remonter cette pente que la procession a descendue, de défaire ce que la procession a fait, ou plutôt de refaire ce que la procession a défait. Il s'agit d'annuler, en un mot, ce que la procession a provoqué»[183]. La première lecture des 3StSeth symbolise-

---

[181] Cf. *Enn.*, VI 8,19; VI 9,10.11.

[182] A.-J. FESTUGIÈRE, *o.c.*, IV, p. 218-220.

[183] Cf. C. TRESMONTANT, *La métaphysique du Christianisme et la naissance de la Philosophie chrétienne*, Paris, 1961, p. 350.

rait ainsi le retour de l'âme au sein de l'Inengendré, démarche au terme de laquelle elle s'identifie à lui. Mais comme elle ne peut demeurer là-haut, étant encore prisonnière de l'Engendré, il faut que, devenu l'Un, elle exprime aussi sa descente comme triade; elle viendra ainsi manifester, comme l'Autogène, les êtres éternels et les vrais existants (119,24.26-27). À moins que l'on ne préfère le point de vue de Plotin selon lequel l'être qui a accédé à la contemplation de l'Un ressemble à celui qui, «entré à l'intérieur d'un sanctuaire, a laissé derrière lui les statues placées dans la chapelle; c'est elles qu'il reverra les premières quand il sortira du sanctuaire... Si l'on se voit soi-même devenir lui, on se tient pour une image de lui; partant de lui, l'on progresse comme une image jusqu'à son modèle, et l'on arrive à la fin du voyage»[184]. Ainsi l'identification passagère de l'âme au divin a pour but de renforcer en elle le sentiment de la certitude du salut; cet avant-goût liturgique l'incite au progrès spirituel.

Dès lors se dégage le sens de l'aphorisme: *Le chemin pour monter est le chemin pour descendre.* C'est-à-dire: le retour de l'âme à l'Un n'est possible que s'il y a eu descente vers la terre[185]; le chemin vers l'unité est rassemblement de ce qui a été dispersé (ou «dispensé») lors de la descente. D'une manière plus précise, si toute émanation n'a pu se faire qu'à partir de Barbélo, Ombre et Génitrice, tout retour ne se fera également que par elle, la Perfection totale rassemblée. En ce sens, c'est elle le chemin de montée et de descente.

4. *Exhortation finale* (127,21b-26)

«Sachez donc, vous les vivants, que vous avez atteint la fin et avez, vous-mêmes, reçu en enseignement les Illimités. Emerveillez-vous de la vérité qui est en eux et dans cette révélation».

Cette conclusion sous forme d'exhortation pourrait avoir été une monition de renvoi de l'assemblée. Elle invite les «élus» à prendre conscience du double effet de la célébration: la fin — τέλος — de l'action liturgique et de l'enseignement. La fin atteinte, c'est l'identification à l'Un-Inengendré; ils sont devenus, comme l'Autogène, des êtres achevés (121,6)[186]. Ils ont, en outre, reçu l'illumination qui est présence en eux de la Gnose symbolisée par la communication de la triade des Êtres infinis. Comme dans l'hermétisme, ils devront passer le reste de leur vie dans

---

[184] *Enn.*, VI 9,11 (17-20.43-45).
[185] Cf. *Ephésiens* 4,9-10.
[186] À comparer avec *CH.*, I,26,12.

l'émerveillement et l'action de grâces, en «confessant l'Infinie Puissance et l'Illimitation de notre Père» [187].

Colophon (127,28-32)

Ce colophon peut être considéré comme la clôture du Codex VII lui-même ou des 3StSeth.

Le mot ϫⲱⲱⲙⲉ ici désigne, de toute évidence, un document écrit et ne peut être traduit par *descendance* (γενεά), la proximité, en effet, du verbe ⲥⲁϧϥ rend futile cette traduction. Le livre est présenté comme ⲡⲁ ⲧⲙⲛ̄ⲧⲉⲓⲱⲧ, c'est-à-dire bien paternel ou bien de la race (*fatherhood, ancestry*, Crum 87a; *paternité*, dans sa littéralité, ne rend pas le sens).

Les Stèles seraient alors comprises, dans une première hypothèse, comme un legs fait par Adamas, père de la race vivante, à son fils Seth et à sa semence (118,27.30-119; cf. ApocAdam 85,12-22). En ce sens, le colophon sert d'appendice au traité des 3StSeth. Mais l'autre hypothèse paraît plus vraisemblable : le colophon ferme le Codex VII. Ce livre alors est désigné comme bien d'une race, d'une communauté (ⲧⲙⲛ̄ⲧⲉⲓⲱⲧ a aussi ce sens), comme un patrimoine. Ce qui fait rebondir le problème de l'existence d'un groupe qui se servait de ces documents.

«Le fils qui l'a écrit» désigne soit Seth (1re hypothèse) en tant que fils d'Adamas, qui a gravé les Stèles, soit le scribe, membre de la communauté, qui a rédigé le Codex (2e hypothèse).

Le Colophon se termine par une bénédiction reprise de 119,5-6, avec l'adjonction de la formule de la paix.

---

[187] *CH.*, XVIII,12,20.

INDEX

L'ordre de classement retenu dans l'index copte est celui du dictionnaire de Crum. Lorsque la forme type choisie par Crum n'est pas attestée dans le texte, elle est indiquée entre parenthèses.

Les variantes orthographiques ont été relevées systématiquement; lorsque plusieurs variantes orthographiques sont attestées pour un même vocable (dans l'index copte comme dans l'index grec), elles sont identifiées par un chiffre placé en exposant.

Les références correspondant à des reconstitutions sont indiquées entre crochets.

INDEX GREC

ἀγαθός, ⲁⲅⲁⲑⲟⲛ[1] m. bon, bien, bonté
119,15.18[1].20[1].

ⲙⲛⲧⲁⲅⲁⲑⲟⲥ f. bonté
122,23.

ⲣⲉϥϯ ⲁⲅⲁⲑⲟⲛ dispensateur de Bien
124,32.

(αἰσθητός) ⲉⲥⲑⲏⲧⲟⲥ sensiblè
119,32.

αἰών, ⲉⲱⲛ[1] m./f. éon
121,20[1]; 123,25[1].26[1]; 124,8.9.23.

ⲣⲉϥϯ ⲉⲱⲛ producteur d'éon
122,5.

ἀλλά mais, cependant
126,19.

αὐτογενής autogène
119,16.

γάρ car, en effet
125,5.10.19.22.28.

γενεά f. race
118,12.

γένος m. race
120,1.2.3.4.5.8.12.14.

γνῶσις f. connaissance
123,17; 125,13.

δέ mais, or, et, cependant
118,24; 119,[3].29; 120,3.7.8.10.12.13; 121,13; 122,10; 123,29.

εἶδος m. forme
122,32.

(ἐνέργεια) ⲉⲛⲉⲣⲅⲉⲓ f. activité
126,17.

(ἐνεργεῖν) ⲣ ⲉⲛⲉⲣⲅⲉⲓ être en acte
125,5.

ἤ ou
127,15.

(ἵνα) ϩⲓⲛⲁ afin que, afin de
119,23.

ϩⲓⲛⲁ ⲭⲉ afin que, afin de
123,33.

(καλυπτός) ⲕⲗⲥ caché
122,14; 123,1; 126,5.

κατά selon, tel que, comme
123,8; 124,3.

cf. ⲣⲏⲧⲉ, ⲟⲩⲁ, ϩⲉ

κόσμος m. monde
119,32; 122,15; 123,22.

μακάριος bienheureux
126,5.

ⲙⲛⲧⲙⲁⲕⲁⲣⲓⲟⲥ f. béatitude
122,23.

ⲣⲉϥϯ ⲙⲛⲧⲙⲁⲕⲁⲣⲓⲟⲥ dispensateur de béatitude
124,32.

μέν certes, oui, quant à
119,2; 122,9.12.

μονάς f. monade
121,33.34; 122,1.

νοῦς m. intellect
119,1.29; 123,6.20.21 bis; 125,17.31.

ⲣⲉϥⲧⲁⲙⲓⲉ ⲛⲟⲩⲥ créateur d'intellect
124,31.

ὄντως réellement, réel, vrai
119,26; 120,18; 121,26; 123,9; 124,19.20.

INDEX DES NOMS PROPRES

INDEX COPTE

(ⲁⲓⲁⲓ) ⲁⲓⲁⲉⲓ croître
120,9.

ⲁⲗⲟⲩ m. enfant
123,7.

ⲁⲛⲟⲕ moi
118,26.30; 119,2.

ⲛⲧⲟⲕ, ⲛⲧⲕ-[1] m. tu, toi
118,31; 119,3.9[1].11[1].12.21[1].22.
22[1].25.27.30.34[1]; 120,1[1].4[1].6[1].
7[1].10.15.26; 121,14[1].15[1].16[1];
125,6[1].18.21.23 bis[1].25 bis[1].28.
30.31.32; 126,1.11.14.15.30.

ⲛⲧⲟ, ⲛⲧⲉ-[1] f. tu, toi
121,25.32[1].33[1]; 122,1[1].6.10.12[1].
13.14[1].15[1]; 123,16.17.21.22[1].
23 bis[1].26; 124,8; [125,2].

ⲛⲧⲟⲥ f. elle
125,13.

ⲁⲛⲟⲛ nous
124,2 bis.6; 127,5.

(ⲁⲣⲏⲭ) ⲁⲧⲁⲣⲏⲭ⸗ illimité
127,24.

ⲁⲩⲱ et
118,13.14.15.16.21.31; 119,1.2.
19; 120,1.2.4; 121,11.27.28;
122,8 bis.13.17; 123,2.3.4.11;
125,6.7; 126,16; 127,7.10.12.13.
14.23.

ⲁϩⲉ cf. ⲱϩⲉ

(ⲁⲭⲛ-) ⲁⲧⲭⲛⲉ- (variante nouvelle) sans
123,13.

ⲃⲱⲕ ⲉϩⲣⲁⲓ̈ monter
127,15.20.

(ⲃⲱⲗ) ⲥⲁⲃⲟⲗ ⲛ- loin de
127,10.

ⲉⲃⲟⲗ ⲛ- de (origine)
121,28; 123,15.19.20; 124,22.
cf. ⲧⲱⲣⲉ, ϩⲛ

ⲉ- pour
118,29.

(ⲉⲛⲉϩ) ϣⲁⲉⲛⲉϩ éternel
119,24; 120,7; 122,6.19; 123,28;
124,1.6.22; 126,28.

ⲙⲛⲧϣⲁⲉⲛⲉϩ f. éternité
121,1.30; 123,13.

ⲉⲧⲃⲉ-, ⲉⲧⲃⲏⲏⲧ⸗[1], ⲉⲧⲃⲏⲧ⸗[2] à
cause de, grâce à, par
119,6[1].7.7[1].33[1]; 120,9.24; 121,
4[1]; 122,18; 123,14[1].18[2].20[2];
125,1[1].

ⲉⲧⲃⲉ ⲡⲁⲓ c'est pourquoi, aussi
119,25.31; 126,26.

ⲉⲟⲟⲩ m. gloire
121,22.

ϯ ⲉⲟⲟⲩ rendre gloire, glorifier
118,20 s.; 119,29; 124,13.[35];
126,22.25.26; 127,7.

ⲉϩⲏ cf. ϩⲏ

ⲏⲡⲉ cf. ⲱⲡ

ⲉⲓ, ⲓ[1] venir, aller
119,18.

ⲉⲓ ⲉ- venir à, se mettre en
20,34[1]; 126,17.

ⲉⲓ ϣⲁ- venir jusqu'à
123,14[1].

ⲉⲓ ⲉⲃⲟⲗ ϩⲛ- sortir de, être issu
de
120,23.

ⲉⲓ ⲉⲃⲟⲗ ϣⲁ- sortir vers
123,2.

ⲉⲓ ⲉⲡⲉⲥⲏⲧ descendre

121,14.

ⲣ ⲙⲡⲱⲁ être reconnu digne
118,21.

(ⲙⲓⲥⲉ) ⲁⲧⲙⲓⲥⲉ inengendré
119,22; 123, 28; 124,21.

(ϨⲚ ⲞⲨ)ⲙⲚⲧⲁⲧⲙⲓⲥⲉ sans en-
gendrement, sans mettre au
monde
118,29; 120,23; 123,12.

(ⲙⲁⲧⲉ) ϯ ⲙⲉⲉⲧⲉ atteindre la fin
127,22.

(ⲙⲁⲧⲉ) ⲙⲙⲁⲧⲉ seulement
123,26.

ⲙⲏⲧⲉ f. milieu
120,26.

ⲙⲟⲩⲧⲉ ⲭⲉ- appeler
121,24.

(ⲙⲁⲩ) ⲉⲧⲙⲙⲁⲩ celui-là
118,19; 119,9; 123,1.
cf. ⲉⲓⲛⲉ, ⲛⲧⲁ=, ⲟⲩⲟⲛ

ⲙⲁⲩⲁⲁ= seul, même
126,15.16.

(ⲙⲉⲉⲩⲉ) ⲉⲓⲣⲉ ⲙⲡⲙⲉⲉⲩⲉ, ⲣ
ⲡⲙⲉⲉⲩⲉ + possessif[1] : garder
en mémoire, remettre en mémoire, faire souvenir de
118,15[1]; 127,6.

ⲙⲏⲏⲱⲉ m. multitude, cf. ⲥⲟⲡ

ⲙⲟⲟⲱⲉ s'en aller
120,33.

ⲙⲟⲟⲱⲉ ⲉⲃⲟⲗ sortir, s'en aller
120,25.

ⲛⲁ m. miséricorde
119,34; 120,7.

(ⲛⲁⲁ) ⲛⲁⲁ= grande
121,33.

ⲛⲓⲙ tout
119,31; 121,8.11; 127,11.
cf. ⲥⲁ, ⲟⲩⲟⲉⲓⲱ

ⲛⲧⲁ= ⲙⲙⲁⲩ avoir

125,27.

ⲛⲧⲟ, ⲛⲧⲉ- cf. ⲁⲛⲟⲕ

ⲛⲟⲩⲧⲉ m. Dieu
118,30; 119,7.13.17; 123,6.7.

ⲙⲚⲧⲛⲟⲩⲧⲉ f. divinité
119,14; 122,20; 124,30.

ⲛⲧⲟⲕ, ⲛⲧⲕ-, ⲛⲧⲟⲥ cf. ⲁⲛⲟⲕ

ⲛⲁⲩ voir
124,18 bis.

ⲛⲁⲩ ⲉ- voir
118,13; 119,3.10; 123,27.32;
124,18; 125,12.17.

ⲛⲁⲩ ⲭⲉ- voir
121,25; 122,6.

ⲁⲧⲛⲁⲩ + ⲉ- invisible
121,23.

ⲛⲟⲩϨⲙ, ⲛⲁϨⲙ=[1] sauver, être
sauvé
120,34.35.35[1]; 121,12[1].13; 124,
11 bis; 125,13.16 bis.18.20[1]; 126,
24.30.

ⲛⲟⲩϨⲙ ⲉ-, ⲛⲟⲩϨⲙ ⲉϨⲣⲁⲓ ⲉ-[1]
être sauvé pour, arriver sain et
sauf dans
123,33s.[1]; 126,27.

ⲛⲟⲩϨⲙ ⲉⲃⲟⲗ Ϩⲁ- être séparé
de
121,2.

ⲛⲟⲩϨⲙ ⲉⲃⲟⲗ Ϩⲓⲧⲛ- être sauvé
par
125,20.

ⲛⲟⲩϨⲙ Ϩⲛ- être sauvé par
[126,2].

ⲛⲟϬ grand
119,15; 121,20; 123,5; 126,9.

ⲙⲚⲧⲛⲟϬ f. grandeur
118,22; 119,3.

ⲡⲱⲱ, ⲡⲟⲱ=[1] diviser, être divisé, être partagé
123,30[1].

ⲡⲱϣ ⲉ- diviser en
120,20[1].

ⲡⲱϣ ⲉϩⲣⲁⲓ ⲉⲭⲛ- se dispenser parmi
123,3.

ⲡⲱϣ ϩⲛ- se dispenser en
121,10.

ⲁⲧⲡⲱϣ indivisible
121,31.

ⲡⲱϣ, ⲡⲱϣⲉ[1] m. partage, division
122,10[1]; 123,8.29[1].

(ⲣⲟ) ⲕⲁⲣⲱ= garder le silence
127,13.

ⲕⲁⲣⲱϥ m. silence
127,16.

ⲣⲁⲛ m. nom
119,21.22.

† ⲣⲁⲛ ⲉ- donner un nom à

(ⲣⲏⲧⲉ) ⲙⲡⲓⲣⲏⲧⲉ de cette manière
118,17.

ⲕⲁⲧⲁ ⲡⲣⲏⲧⲉ de manière que
125,23.

ⲣⲁϣⲉ se réjouir
124,17 ter.

(ⲥⲁ) ⲛⲥⲁ ⲥⲁ ⲛⲓⲙ + négation: aucunement
125,8.

ⲙⲛⲛⲥⲁ-, ⲙⲙⲛⲛⲥⲁ[1]-, ⲙⲙⲛⲛ-ⲥⲱ=[2] après
126,16[2]; 127,13[1].16.19[1].

ⲥⲙⲏ f. voix
119,28.

ⲥⲙⲟⲩ bénir
118,25; 119,4.5.13.14; 120,16.29; 121,1.2; 122,4; 124,12.25.33; 126,17.24.29; 127,11.18.

ⲥⲙⲟⲩ m. bénédiction, louange
118,29; 124,35.

(ⲥⲛⲁⲩ) ⲙⲉϩⲥⲛⲧⲉ, ⲙⲁϩⲥⲛⲧⲉ[1] f. deuxième
121,18; 124,14; 127,18[1].

ⲥⲟⲡ m. fois
120,19; 122,12; 123,25.

ⲙⲏⲏϣⲉ ⲛⲥⲟⲡ bien souvent
118,19.

ⲥⲱⲧⲙ écouter
124,10.11.

ⲥⲱⲧⲙ ⲉ- écouter
124,5.7.

(ⲥⲱⲧⲡ) ⲥⲟⲧⲡ+ être élu
120,24; 122,1; 126,21.

ⲥⲱⲧⲡ m. élu
118,17.

ⲥⲟⲟⲩⲛ, ⲥⲟⲩⲱⲛ=[1] connaître, savoir, prendre connaissance
118,14[1]; 119,33; 120,10; 125,7.

ⲥⲟⲟⲩⲛ m. connaissance
122,15.

(ⲥϩⲁⲓ) ⲥϩⲏⲟⲩⲧ+ être écrit
118,18.

(ⲥⲁϩⲛⲉ) ⲟⲩⲉϩ ⲥⲁϩⲛⲉ ordonner
125,14.15.

ⲟⲩⲉϩ ⲥⲁϩⲛⲉ ⲛ- ordonner à
125,11.22.

ⲟⲩⲉϩ ⲥⲁϩⲛⲉ ⲛ- ⲉ- ordonner à... de
126,1.20.

ⲟⲩⲉϩ ⲥⲁϩⲛⲉ m. ordre, conseil
120,28.

(†) ⲧⲁⲁ= donner, transmettre
118,16; 120,16.21.
cf. ἀγαθός, αἰών, μακάριος, ⲏⲡⲉ, ⲕⲗⲟⲙ, ⲙⲁⲧⲉ, ⲣⲁⲛ, ϭⲟⲙ

(ⲧⲃⲃⲟ) ⲧⲃⲃⲏⲩ+ pur
121,24.

ⲧⲃⲃⲟ m. pureté
123,27.

ⲧⲁⲕⲟ m. destruction

123,14.

ⲧⲉⲗⲏⲗ ⲛ- exulter en
125,33.

ⲧⲁⲙⲓⲟ créer
cf. ⲛⲟⲩⲥ

(ⲧⲁⲙⲟ) ⲧⲁⲙⲟ= ⲉ- enseigner,
apprendre
123,31.

ⲧⲏⲣ= tout
120,9.31; 121,7.14; 123,9.10.12;
124,34; 125,1.14.18.19.29.31.32.
33; 126,2.32.33; 127,11.

ⲡⲧⲏⲣϥ m. le Tout
120,30.

(ⲧⲱⲣⲉ) ⲉⲃⲟⲗ ϩⲓⲧⲛ-, ⲉⲃⲟⲗ ϩⲓ-
ⲧⲟⲟⲧ=[1] par, à l'aide de, de
part de
118,22[1]; 119,28.29; 120,27.30[1].
33; 121,7.28[1]; 125,4[1]; 126,34.

ϩⲁⲧⲛ- cf. ϣⲱⲡⲉ

(ⲧⲣⲟ) ⲧⲣⲉ- faire que
120,9.17.

(ⲧⲥⲁⲃⲟ) ⲧⲥⲁⲃⲉ- ⲉ- recevoir un
enseignement sur
127,23.

(ⲧⲱϣ) ⲧⲟϣ= fixer
127,14.

(ⲑⲃⲃⲓⲟ) ⲑⲉⲃⲓⲏⲟⲩⲧ+, ⲑⲉⲃⲓ-
ⲏⲩ+[1] (variante nouvelle) être
humble, être prostré
120.25; 126,20[1].

ⲟⲩ quoi? comment?
126,18.

ⲟⲩⲁ, f. ⲟⲩⲉⲓ[1] un, une
120,33 bis.34; 121,3.11.31; 122,
9[1]s.12[1]; 124,8.25; 125,7.23 bis.
24.25; 127,12.

ⲡⲓⲟⲩⲁ l'un
122,13.16.25; 125,8.

ⲕⲉⲟⲩⲁ l'autre

122,27.

ⲕⲁⲧⲁ ⲟⲩⲁ individuellement, à
titre individuel
121,3; 124,7.24; 127,12.

ⲟⲩⲁⲁ= seul, même
125,4.6; 126,7.

ⲟⲩⲟⲉⲓⲛ m. lumière
119,9.10.11; 122,3.4; 125,10.

ⲣ ⲟⲩⲟⲉⲓⲛ ⲉϩⲣⲁⲓ ⲉⲝⲛ- briller
sur
125,9.

(ⲟⲩⲟⲛ) ⲟⲩⲛ-, ⲟⲩⲛⲧⲁ=[1] ⲙⲙⲁⲩ
posséder, maintenir, il y a
123,11[1]; 125,24.
cf. ϭⲟⲙ

(ⲟⲩⲛⲟⲩ) ϯⲛⲟⲩ maintenant
120,3.

ⲟⲩⲱⲛϩ ⲉⲃⲟⲗ manifester, se
manifester
119,10.19 bis.23 bis.26.

ⲟⲩⲱⲛϩ ⲉⲃⲟⲗ ⲛ- révéler à
123,10.

ⲟⲩⲱⲛϩ ⲉⲃⲟⲗ m. révélation
118,10; 127,26.

(ⲟⲩⲟⲡ) ⲟⲩⲁⲁⲃ+ saint
112,3.

ⲟⲩⲱⲧ seul
125,26.

(ⲟⲩⲱⲧϩ) ⲱⲧϩ ⲉⲃⲟⲗ ϩⲛ- émané
de
122,25.

(ⲟⲩⲟⲉⲓϣ) ⲛⲟⲩⲟⲉⲓϣ ⲛⲓⲙ en
tout temps, pour toujours
124,12; 126,25.31; 127.8.

ⲟⲩⲱϣ, ⲟⲩⲁϣ=[1] vouloir
121,12[1].13; 126,31.

ⲟⲩⲱϩ, ⲟⲩⲉϩ- cf. ⲥⲁϩⲛⲉ

ⲟⲩϫⲁⲓ m. salut
123,15.16; 125,14; 126,28.

(ⲱⲛϩ) ⲟⲛϩ+ vivant

puissance
126,12.

ϣⲙⲧϭⲟⲙ triple puissance
121,32 bis; 123,23.

(ϩⲛ ⲟⲩ)ⲙⲛⲧϣⲙⲛⲧϭⲟⲙ (en)

triple puissance
120,21.

ϭⲓⲛⲉ trouver
122,9.

TABLE DES MATIÈRES

ORIENTALISTE, P.B. 41, B-3000 Leuven